Franziska Kynast/Horst Kleinert

Gestalten lernen mit Desktop Publishing

Berichte, Formulare, Schaubilder
schnell und gekonnt erstellen

GABLER

CIP-Kurztitelaufnahme der Deutschen Bibliothek

Kynast, Franziska:
Gestalten lernen mit Desktop publishing : Berichte, Formulare, Schau-
bilder schnell u. gekonnt erstellen / Franziska Kynast ; Horst Kleinert. –
Wiesbaden : Gabler, 1988

NE: Kleinert, Horst:

Der Gabler Verlag ist ein Unternehmen der Verlagsgruppe Bertelsmann

Lektorat: Ulrike M. Vetter

Satz: Franziska Kynast, Desktop Publishing, Berlin
Belichtung: FEMOSET GmbH, Wiesbaden
Umschlaggestaltung: Schrimpf und Partner, Wiesbaden

Buchbinder: Osswald + Co., Neustadt

ISBN 978-3-663-02107-0   ISBN 978-3-663-02106-3 (eBook)
DOI 10.1007/978-3-663-02106-3

»Damit das Mögliche entsteht, muß immer wieder das Unmögliche versucht werden.«

Hermann Hesse, der von Desktop Publishing noch nichts wußte

Inhalt

Bevor Sie beginnen ...

Dies ist ein Arbeitsbuch im wahrsten Sinne des Wortes. Denn mit dem typografischen Gestalten verhält es sich genauso wie mit dem Schachspielen, Komponieren oder Autofahren: Durch Lesen allein ist noch niemand Meister geworden. Der beste Platz für dieses Buch ist deshalb das Desktop – die Schreibtischplatte, auf der der Computer steht. Nur hier lassen sich die Regeln und Übungen unserer Gebrauchsanleitung auch sofort praktisch umsetzen. Schritt für Schritt kann so der gestaltungsunerfahrene Desktop-Publishing-Nutzer typografische Grundkenntnisse für den Umgang mit Schrift, Linien, Flächen und Zeichen schnell und sicher erlernen.

Für wen haben wir das Arbeitsbuch geschrieben? Eigentlich für alle, die regelmäßig mit der Erstellung von Berichten, Übersichten, Produktblättern, Hausmitteilungen oder Listen zu tun haben, die „wie gedruckt" aussehen sollen. Also für Sekretärinnen, Bürokräfte, Freiberufler, Sachbearbeiter, Lehrer, Studenten, Management-Assistenten und Selbständige. Die technische Arbeit mit Desktop Publishing sollte dem Leser allerdings vertraut sein (oder er sollte sich zuvor damit vertraut machen). Welches Desktop-Publishing-System genutzt wird, ist für unsere Zwecke grundsätzlich ohne Belang. Desktop Publishing ist zwar ohne Zweifel dabei, den Büroalltag zu revolutionieren, nicht aber die allgemeingültigen Regeln und Grundsätze für erfreuliche Drucksachen.

Noch eine Klarstellung: Unser Buch hört dort auf, wo die eigentliche Arbeit eines Grafikers oder Typografen beginnt. Die Gestaltung von anspruchsvollen Werbeanzeigen, Broschüren oder Geschäftspapieren soll und muß den Spezialisten vorbehalten bleiben.

Dieses Buch wurde geschrieben und gestaltet mit Desktop Publishing. Ihr bald typografisch geschultes Auge wird die DTP-typischen Schönheitsfehler sicherlich erkennen. Typografisches Nachbessern – Buchstabe für Buchstabe und Zeile für Zeile – ist zwar technisch möglich, bei Werken mit mehr als zwanzig Seiten in der Praxis aber nicht mehr vertretbar. Nehmen Sie unser Buch als ein Beispiel dafür, wo die Grenzen des Desktop Publishing liegen. In diesem Sinne freuen wir uns darauf, Sie in das Handwerk und die Kunst der Typografie einzuweisen. Sie werden sehen, Gestalten mit Desktop Publishing ist gar nicht so schwer und macht Spaß.

I. Zur Einführung

Gestalten kann man lernen. Schritt für Schritt

Typografisches Gestalten mit Desktop Publishing ist eigentlich ganz einfach: Sie müssen nur die richtige Schrift in der richtigen Größe an die richtige Stelle plazieren. Wenn Sie vor dem leeren Bildschirm sitzen, werden Sie natürlich sehr schnell merken, daß dieser Ratschlag nicht ganz ernst gemeint ist. Ohne ein paar Grundregeln und Kniffe, also ohne das berühmte „Gewußt wie", läuft auch beim Gestalten nichts. Denn spontanes Loslegen kann schnell zu Ergebnissen führen, die DTP-Praktiker als 3 x M-Drucksachen bezeichnen: Murks, Mist und Makulatur. Beispiele hierfür gibt es genug. Schauen Sie selbst:

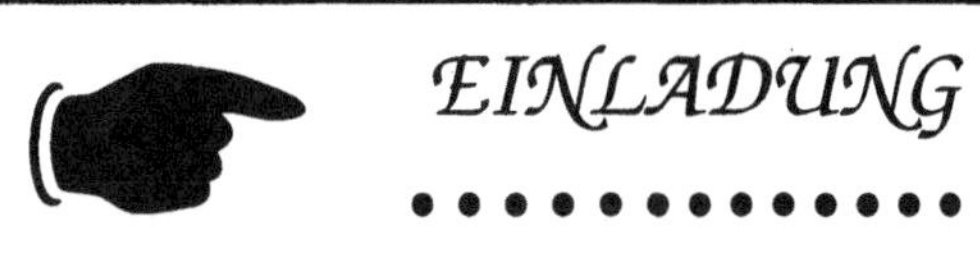

Sind Sie mit uns der Meinung, daß mit dieser Drucksache keine Goldmedaille für hervorragende Gestaltung – die gibt's tatsächlich – zu gewinnen ist, erfüllen Sie die wichtigste Voraussetzung für das DTP-Handwerk: Sinn und Gefühl für Ästhetik, Harmonie und Zweckmäßigkeit. Alles andere läßt sich lernen.

Wir versprechen Ihnen: Wenn Sie Schritt für Schritt unserer Gebrauchsanleitung folgen, werden Sie schon nach kurzer Zeit Büro-Drucksachen produzieren, die sich sehen lassen können. So wie diese:

Daß Übung auch beim DTP-Gestalten den Meister macht, versteht sich von selbst. Nicht umsonst gibt es hochbezahlte Typografen und Grafiker, die ihre Fähigkeiten durch Studium und jahrelange Praxis erworben und weiterentwickelt haben. Aber soweit wollen und brauchen Sie ja nicht zu kommen. Was Sie mit uns lernen werden, ist die Gestaltung von Drucksachen für den Hausgebrauch: Formulare, Preislisten, einfache Prospekte, Messeberichte, Konferenz-Programme, Firmenrundschreiben – eben alles, was im Büro bislang mit Schreibmaschine und Klebebuchstaben mehr oder weniger zusammengebastelt worden ist. Wir werden Ihnen später auch sagen, was Sie nicht mehr selbst gestalten sollten, also wo die professionelle Arbeit eines Grafikers erforderlich ist (daß Sie aber dem Grafiker mit DTP viel besser zuarbeiten können, ist klar).

Sie können es mit DTP sogar schaffen, sich einen zusätzlichen, qualifizierten Arbeitsbereich zu erschließen: als Sachbearbeiter/in für den professionellen Umgang mit Grafikern und Druckereien. Und mit sehr guten Ein- und Aufstiegschancen in Werbeabteilungen, Werbeagenturen oder Marketingabteilungen!

Dazu müssen Sie sicher noch etwas Fachchinesisch lernen und sich mit einigen Produktionsabläufen vertraut machen. Aber auch hierbei geben wir Ihnen Hilfestellung. „Kleiner Druckratgeber" – so heißt denn auch das Kapitel, das Sie in die Schwarze Kunst einführt.

Die DTP-geübten Leser könnten jetzt sofort mit dem Gestaltenlernen anfangen. Alle anderen müssen sich mit der technischen Seite und der Handhabung des Systems erst einmal vertraut machen. Am besten durch den Besuch von Kursen, Schulungen und natürlich das Durcharbeiten der entsprechenden Handbücher. Doch ganz so einfach, wie manche Werbeanzeigen oder Händler es versprechen, ist Desktop Publishing allerdings nicht. Sie fangen zwar sofort an zu produzieren, aber der Teufel steckt bekanntlich im Detail. Sie können sicher sein, auch wir haben so manche Stunde verzweifelt und völlig ratlos vor dem Computer gesessen – aber so etwa nach zwei, drei Monaten hatten wir es dann geschafft. Heute ist DTP aus unserem Büro gar nicht mehr wegzudenken.

Lernen, Probieren, Lesen, Fragen, Üben und Machen; das sind die besten Tips, die wir Ihnen als Einsteiger geben können. Und lassen Sie sich nicht unter Zeitdruck setzen: So ungefähr drei Stunden pro Tag sollten Sie in der Einarbeitungszeit wenigstens zur Verfügung haben, ohne daß jemand gleich von Ihnen optimale Ergebnisse verlangt (zeigen Sie ruhig Ihrem Chef diesen Satz, wenn er meint, daß mal alles „wieder viel zu lange" dauert).

Dieses Buch ist kein Handbuch, mit dem man Desktop Publishing lernen kann. Dafür gibt es spezielle Bücher und Einführungskurse. Doch sicher wollen Sie jetzt etwas genauer wissen, was das eigentlich ist, dieses Desktop Publishing.

Für Einsteiger: Was ist Desktop Publishing?

„Publizieren vom Schreibtisch aus" ist wohl die kürzeste und prägnanteste Übersetzung für den Zungenbrecher, der ab sofort nur noch DTP genannt wird.

DTP ist eine Mischung aus Textverarbeitung, Satz und Layoutgestaltung (Layout = Seitenaufmachung, Grundriß). Da DTP den Besitz eines PCs voraussetzt, kann man natürlich durch Zukauf der entsprechenden Software auch all die Dinge machen, zu denen ein leistungsfähiger Computer in der Lage sein muß. Wir beschränken uns in diesem Buch aber ausschließlich auf die Herstellung von Drucksachen, die in einem Büro anfallen. Was braucht man für den Anfang? Unsere Ausstattung besteht aus einem PC, einem Laserdrucker, einer zusätzlichen Festplatte (wegen der zu erwartenden Datenmengen, die sonst jedesmal auf Extra-Diskettten gespeichert werden müßten) sowie einem Textverarbeitungs-, einem Zeichen- und einem Layoutprogramm.

Es ist egal, welches System Sie jetzt oder später nutzen wollen, die gestalterischen Regeln und Hinweise dieses Buchs gelten für alle Fabrikate. Nicht die Computer „machen" die Typografie, sondern Sie! Die damit verbundenen technischen Probleme werden Sie bald als gewiefter DTP-Hase dann ohne große Schwierigkeiten in den Griff bekommen.

Das Herzstück ist das Layoutprogramm, weil man damit sowohl aus anderen Programmen importieren als auch direkt schreiben und einiges zeichnen kann. Die folgende Abbildung zeigt einige Variationsmöglichkeiten für den Schriftzug „Müller & Sohn":

Was man früher durch Zusammenkleben mühsam in Form bringen mußte, ist heute mit Layoutprogrammen wie beispielsweise „PageMaker" am Bildschirm schnell erledigt. Nicht nur Textteile und Grafiken können genau an der Stelle zusammengefügt werden, an der man sie haben möchte, auch Korrekturen im Text, Verkleinern von Zeichnungen oder Änderungen von Spaltenbreiten sind nachträglich möglich. Viele Firmen schicken ihren Kunden maßgeschneiderte Angebote, die sich oft nur in Teilbereichen unterscheiden. Gerade hier ist DTP die Lösung: Der Kunde freut sich über ein individuelles Angebot, und die Firma präsentiert sich professionell und kostengünstig. Ohne lange Wege, direkt im Büro produziert.

DTP ist also das elektronische Be- und Verarbeiten von schriftlichen Informationen jeglicher Art.

Besondere EDV- oder Englischkenntnisse sind glücklicherweise nicht erforderlich (Sie sollten dann aber darauf achten, daß deutsche Handbücher erhältlich sind).

Nun fragt sich mancher, warum man denn außer dem Layoutprogramm, mit dem man ja auch zeichnen und schreiben kann, noch ein Zeichen- und Textverarbeitungsprogramm braucht. Es kommt, wie vieles im Leben, immer darauf an. Einen Ergebnisbericht oder ähnliches von mehr als drei Seiten Text sollte man erst, ohne auf das Layout zu achten, im Textprogramm herunterschreiben und korrigieren. Erst wenn der reine Text steht, kann man an die Aufteilung gehen. Naturgemäß hat irgend jemand irgend etwas vergessen. Nur einem geübten Desktopper ist es dann möglich, innerhalb des Layoutprogramms gravierende Änderungen vorzunehmen. Meist geht es schneller, die im Ursprungsprogramm geänderten Teile ganz neu zu plazieren. Große Unbequemlichkeiten kann auch das Ändern oder Verschieben von Grafiken, die direkt im Layoutprogramm gefertigt wurden, bringen: Jede neue Linie, Kreis, Muster sowie Textteile müssen wieder zu einem ganzen Stück zusammengefügt werden. Bei dem folgenden Beispiel hätte man also 27 Teile neu gruppieren müssen.

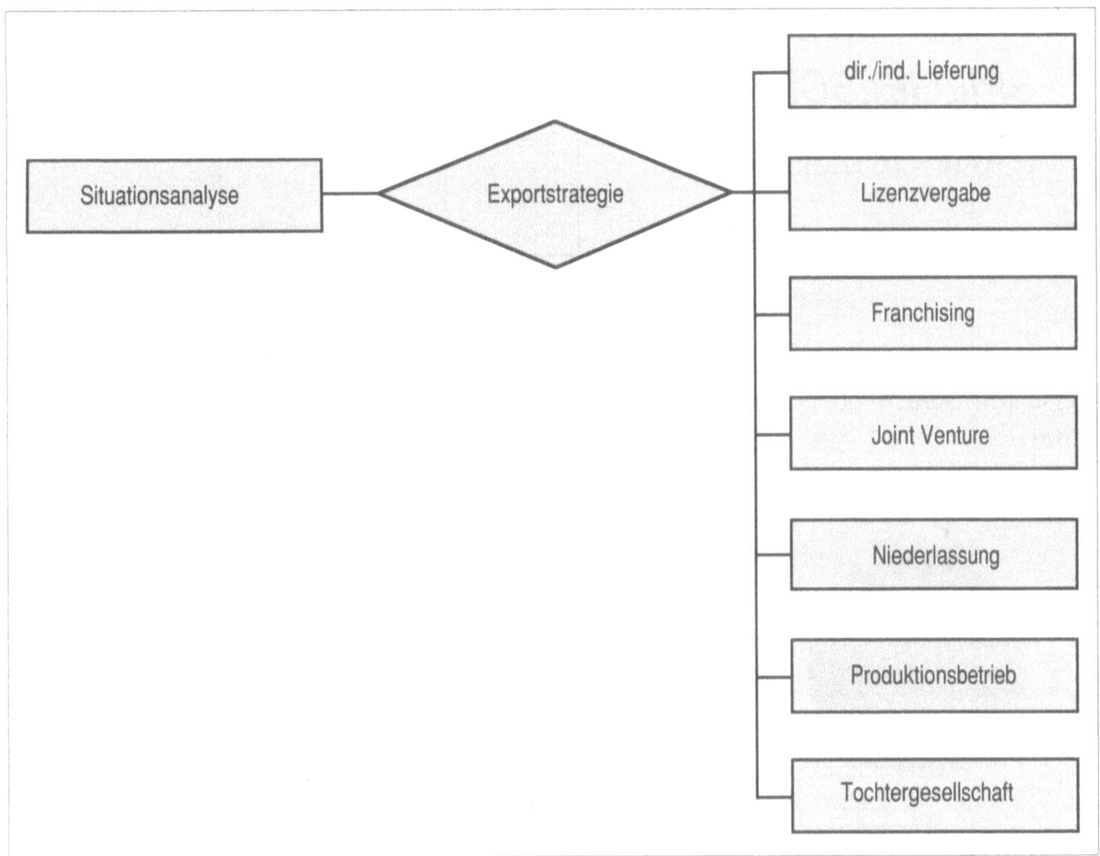

Im Zeichenprogramm dagegen wird diese Grafik als eine komplette Abbildung gespeichert und kann anschließend auch als solche plaziert werden. Außerdem haben Sie in

manchen Zeichenprogrammen Zugriff auf einige Extras, wie Vielecke, Pfeile, Spiegel-
schrift oder Freihandzeichnen.

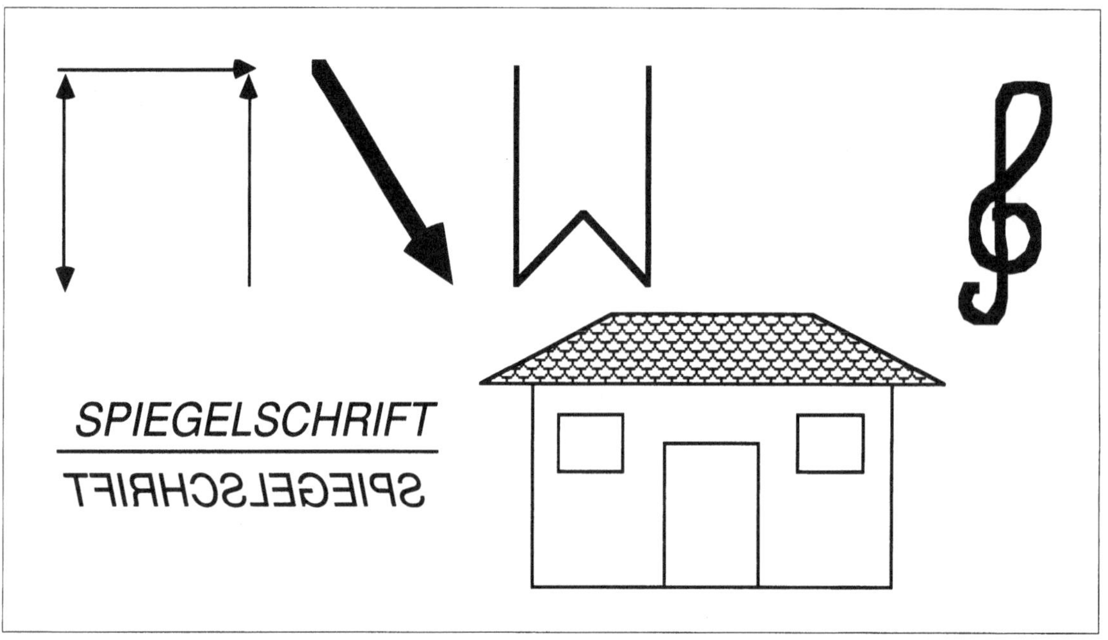

Beim DTP ist vieles möglich: Umrandungen in mehreren Stärken, Linien, Vierecke oder
Kreise mit Schrift oder Mustern, Ecken mit unterschiedlichen Abrundungen und so
weiter.

16

Neben der in diesem Buch angewandten Software gibt es schon eine Vielzahl von anderen Programmen, mit denen man bestimmte Lösungen komfortabler finden könnte. Aber das kostet nicht nur Geld, sondern wiederum Zeit zum Einarbeiten. Wir sind der Meinung, daß der Einstieg mit wenigen Basisprogrammen sinnvoll und im Bürobereich am Anfang auch ausreichend ist – die von uns gezeigten Beispiele sind der beste Beweis. Trotzdem sollten Sie aber die Software-Neu- und -Weiterentwicklungen, die auf den Markt kommen, sorgfältig studieren und Fachzeitschriften dahingehend ausschlachten. Dort finden Sie immer Tips und Tricks rund ums DTP.

Soviel zum Appetitanregen, wenn Sie noch überlegen, sich eine DTP-Anlage anzuschaffen. Es lohnt sich, die Einsatz- und Nutzungsmöglichkeiten sind wirklich außerordentlich groß.

Wie Sie aus unserem Buch den größten Nutzen ziehen

Erst lesen, dann üben – so sollten Sie vorgehen. Machen Sie zunächst alle (!) typografischen Beispiele nach, auch die einfachen aus Kapitel III. Nicht, damit Sie sich irgendwelche Gestaltungsmuster einprägen, sondern um sich die typografischen Elementarregeln zu eigen zu machen. Und um Ihrem Software-Programm die technischen Kniffe zu entlokken, die zur Umsetzung dieser Regeln am Computer erforderlich sind (nicht alles, was man mit den Programmen machen kann, steht nämlich in den Handbüchern. Beharrliches Probieren ist mitunter unumgänglich). Wenn Sie dennoch nicht weiterkommen, fragen Sie Ihren Händler, wie man's macht. Wir haben jedenfalls nahezu alle DTP-Systeme daraufhin überprüft, ob die in diesem Buch erläuterten typografischen Prinzipien mit den Standardprogrammen tatsächlich realisierbar sind. Sie sind es – auch wenn es mitunter lange dauert, bis man weiß, wie.

Aus diesem Grunde sollten Sie beim Üben Papier und Bleistift bei der Hand haben. Protokollieren Sie, wie Sie vorgegangen sind, und heften Sie ihre Memos unter einem Stichwort ab. Nach und nach erstellen Sie sich so Ihr eigenes Handbuch, in dem Sie bei Bedarf dann jederzeit nachschlagen können.

Damit Sie die typografischen Grundregeln auch verinnerlichen, nutzen Sie bei jeder zukünftigen Layout-Arbeit unsere Checklisten am Ende von Kapitel IV. Beurteilen Sie danach selbstkritisch, ob Sie unsere Empfehlungen eingehalten haben. Oder ob Sie sich – aus guten Gründen – darüber hinwegsetzen wollen. Bis Sie allerdings den Punkt erreichen, die traditionellen Gestaltungspfade verlassen zu können, müssen Sie erfahrungsgemäß schon einige hundert Computerstunden mit Layoutarbeiten absolviert haben. Erst dann beginnt die zweite Phase des Lernens: Nämlich das Experimentieren mit unkonventionellen Gestaltungsvarianten, die nur eine Voraussetzung erfüllen müssen: Das Ergebnis darf nicht nur Ihnen gefallen, sondern muß auch die Empfänger und Leser ansprechen.

Das, was Sie in unserem Buch an Beispielen sehen, sind keine extravaganten, sondern zweckmäßige Lösungen. Auch wenn wir Ihnen kein Vorlagenbuch anbieten können, helfen Ihnen die Muster und unsere Tips dabei, (fast) jede Gestaltungsaufgabe selbständig zu lösen. Lassen Sie sich also ruhig von den Beispielen inspirieren, klammern Sie sich aber nicht an den Vorlagen fest. Jede Drucksache braucht ihre eigene maßgeschneiderte Gestaltung. Und – es gibt immer mehrere Lösungen.

II. Wie Layout-Ideen entstehen

Zuerst die Aufgabe klären

Ohne eine sorgfältige Arbeitsvorbereitung sollten Sie nicht mit der Gestaltung einer Drucksache anfangen. Die dafür benötigte Zeit holen Sie mehrfach wieder herein. Was muß nun alles vor dem Einschalten des Computers geklärt sein? Nutzen Sie dazu die folgenden zwölf Prüffragen:

- Um welche Art Drucksache handelt es sich (Rundschreiben, Einladung, Prospekt)?

- Wieviel Zeit steht für die Herstellung zur Verfügung?

- Liegt ein brauchbares Manuskript ohne stilistische, orthographische und grammatikalische Mängel vor?

- Sind erwünschte Abbildungen (Fotos, technische Zeichnungen, Firmenzeichen usw.) vorhanden?

- Besteht Klarheit über die inhaltliche Gliederung des Textes?

- Müssen die Bildelemente am Computer erstellt werden, oder gibt es – reproduktionsfähige – Vorlagen?

- Gibt es Vorgaben zum Papierformat und zur Seitenzahl?

- Gibt es Gestaltungsrichtlinien oder -normen, die beachtet werden müssen (z.B. bei Geschäftspapieren)?

- An wen richtet sich die Drucksache?

- Wie hoch ist die geplante Auflage?

- Welche Nutzungsdauer wird die Drucksache vermutlich haben
  („Eintagsfliege" oder „für die Ewigkeit")?

- Welcher Anspruch wird, entsprechend der Bedeutung der
  Drucksache, an die Gestaltungsqualität gestellt?

Das, was Sie durch die Beantwortung dieser Fragen erhalten, ist das sogenannte Briefing.
Ein kurzes Exposé zur Form und zum Inhalt der Drucksache.

Die vier letzten Fragen betreffen den Gesamteindruck und die Wirkung, die Sie erreichen
wollen. Es lohnt sich, hierüber noch ein paar Worte zu sagen.

Welche Wirkung wollen Sie erzielen?

Drucksachen dienen nicht nur der sachlichen Information. Wenn dem so wäre, bräuchten
wir uns über Gestaltungsfragen nicht den Kopf zu zerbrechen.

Daß durch Typografie die inhaltliche Botschaft einer Drucksache gemindert oder verstärkt werden kann, ist nachgewiesen. Ebenso, daß Drucksachen auch psychologische
Empfindungen beim Leser auslösen – angenehme oder unangenehme. Bis hin zur Verär-
gerung über verwirrende oder als aufdringlich empfundene Text- und Bildanordnungen.
Nun ist Geschmack bekanntlich etwas Subjektives. Deshalb sollten Sie versuchen, sich in
die Psyche und Erwartungshaltung der Leser und Empfänger hineinzuversetzen. Sind es
junge Leute oder ältere Personen, sind sie konservativ oder modern eingestellt? Wie groß
sind ihr Verständnis und ihre Fähigkeit, sich mit unkonventioneller Typografie auseinan-
derzusetzen? All dies stellt schon wichtige Weichen für die Art der Gestaltung.

Außerdem müssen Sie sich im klaren darüber sein, was Sie genau mit Ihrer Drucksache
über die reine Informationsvermittlung hinaus bezwecken wollen. Entscheiden Sie sich
für eine bestimmte Gestaltungsnuance. Zum Beispiel:

– elegant	– zart
– modisch	– festlich
– reklamehaft	– aggressiv
– geschäftlich	– originell
– modern	– konservativ.

Auch wenn sich aus derartigen Vorgaben nicht automatisch bestimmte Layoutmuster ableiten, wird die Gestaltungsaufgabe dadurch etwas präziser. Sie werden später noch sehen, wie sich durch eine entsprechende Schriftwahl und -anordnung ein gewünschter Gesamteindruck unterstützen läßt. Dies ist besonders wichtig bei Drucksachen, die über den Tag hinaus Gültigkeit haben.

Erkennbarkeit – Lesbarkeit – Übersichtlichkeit

Noch einen anderen Aspekt sollten Sie sich vor Gestaltungsbeginn vergegenwärtigen: In welcher Situation und vor allem in welcher Umgebung wird die Drucksache gelesen?

Ein Blatt im Format DIN A 4 muß als Ausstellungstafel natürlich großzügiger gestaltet sein als eine Prospektseite. Ein technisches Datenblatt mit vielen wichtigen Detailinformationen präziser aufgebaut sein als ein Werbeblatt. Was heißt das genau?

Schriftgröße, Buchstaben-, Wort- und Zeilenabstand, Zeilenbreite und Textmenge haben dem voraussichtlichen Leseabstand zu entsprechen. Genau so wie dem Informationszweck. Lesen ist nun mal mit Arbeit verbunden. Und die Typografie sollte diese Arbeit nicht unnötig erschweren. Im Gegenteil.

Texte, bei denen es auf intensives, sorgfältiges Studieren innerhalb kurzer Zeit ankommt, können durchaus in einem kleinen Schriftgrad gesetzt sein, wie es bei Telefonbüchern, Lexika, Bildunterschriften oder Fußnoten der Fall ist. Wichtiger ist hierbei die logische Strukturierung der Satzanordnung. Für normale Lesetexte wie Buch- oder Prospektseiten sind Schriftgrößen zweckmäßig, die ein entspanntes Lesen ermöglichen. Also ein Schriftgrad, wie Sie ihn hier gerade sehen. Für Wortzeilen, die besonders wichtig sind oder sozusagen im Vorübergehen erfaßt werden bzw. werblich-suggestiv wirken sollen, eignet sich ein Schriftgrad wie der unserer Kapitelüberschriften – je nach Leseabstand bis hin zu Plakatschrift-Größen.

Ordnen Sie deshalb den einzelnen Manuskriptteilen die Kategorien „Lexikongröße", „Lesegröße" und „Schaugröße" zu, und richten Sie danach, unter Berücksichtigung des Leseabstandes und der Lesesituation, die Schriftwahl und -anordnung aus. Für normalsichtige Menschen, versteht sich. Dies mag alles sehr trivial klingen. Doch daß in vielen Drucksachen gegen diese Selbstverständlichkeiten verstoßen wird, wissen Sie sicher selbst.

Vom Kupfern und Klauen. Oder wie lernt man Kreativität?

Gibt es Methoden oder vielleicht sogar Anleitungsregeln zum Produzieren von Gestaltungsideen? Auf den berühmten Geistesblitz zu warten, kann sich nur der erfahrene Layouter leisten, der bereits tausende von Drucksachen entworfen hat. Er schöpft aus dem vollen.

Alle anderen müssen sich kreative Ideen erarbeiten. Doch dafür stehen ein paar bewährte Techniken zur Verfügung.

Zunächst die illegitime, das Imitieren. Sie suchen sich dazu eine gelungene Drucksache und kopieren die Gestaltung. Eine ebenso unmoralische wie verbreitete Methode. Dennoch sollten Sie ab sofort fleißig vorbildliche Drucksachen sammeln. Prospekte, Inserate, Handzettel, Einladungskarten – alles, was Ihnen gestaltungsmäßig gefällt oder Sie beeindruckt. Versuchen Sie dann zu ergründen, was genau Ihnen an den Mustern zusagt. Ist es die Schriftmischung, die Art der Überschriften, der Zeilenfall, der Layout-Grundriß oder beispielweise die Verwendung von Linien- und Schmuckelementen? Heften Sie die Muster mit entsprechenden Randbemerkungen ab, und speichern Sie die typografischen Details so gut es geht im Kopf. Nach und nach erstellen Sie sich so eine private Ideenbank, einen Fundus bewährter und moderner Layout-Varianten.

Nun aber das Wichtigste: Benutzen Sie die Muster nicht zum Abkupfern, sondern zur Inspiration und Geschmacksschulung. Denn kein Layout läßt sich so ohne weiteres auf eine x-beliebige Drucksache direkt übertragen. Auch bei nahezu identischen Themenstellungen und Manuskriptteilen kann schon eine etwas längere Überschrift, ein anderer Zeilenfall oder sogar nur ein einzelnes Wort dazu führen, daß der gute typografische Gesamteindruck Ihrer Vorlage sich beim Übertragen ins Gegenteil verkehrt. Ihr Imitat wirkt unharmonisch, gekünstelt oder ganz einfach häßlich.

Ohne eigene kreative Denkarbeit geht es also nicht. Deshalb Vorsicht auch vor vorgefertigten Musterseiten, die in einigen Layoutprogrammen dem DTP-Nutzer angeboten werden. Durch sie werden oft nur Einheitslösungen produziert, die bestenfalls durchschnittlich sind. Und unser Buch soll Sie ja gerade in die Lage versetzen, auf derartige gestalterische „Krücken" getrost verzichten zu können.

Wenn Sie unserem Vorschlag folgen, typografische Beispiele zu sammeln und zu analysieren, sind Sie bald für die Gestaltungspraxis vorbereitet. Bekannte Elemente und Muster

neu zu kombinieren – nichts anderes ist Kreativität. Manchmal ist das auch ein unbewuß-
ter Prozeß, der im Kopf abläuft. Und plötzlich ist der schöpferische Funke da.

Alle Ansatzpunkte und Ideen, die Ihnen für Ihre Drucksache durch den Sinn gehen, sollten Sie sofort flüchtig skizzieren. Danach beginnt der systematische Arbeitsgang. Sie ordnen Ihre Einfälle, fügen sie zum Gesamtlayout zusammen, überprüfen sie kritisch, modi-
fizieren sie, verwerfen sie vielleicht wieder – und so weiter. Solange, bis Sie mit dem Ergebnis zufrieden sind. Kommen Sie dennoch nicht weiter, so lassen Sie sich durch entspanntes Blättern in Prospekten, in Zeitschriften oder in Ihrer eigenen Mustersammlung
anregen. Nicht um Vorlagen zu finden, sondern um Ihren Ideenspeicher zu füttern.

Voraussetzung für diese Arbeitsmethode ist selbstverständlich, daß Sie sich mit der Art
und dem Ziel der zu gestaltenden Drucksache gedanklich intensiv auseinandergesetzt haben.

In der Anfangsphase Ihrer Gestaltungspraxis werden Sie trotz unserer Checklisten in Kapitel IV sicherlich noch unsicher sein, ob Ihre Drucksache wirklich gelungen ist. Sammeln Sie deshalb Ihre Arbeitsbeispiele, und diskutieren Sie darüber mit einem Typografie-Experten. Derartiges Fachsimpeln, auch mit DTP-Kollegen, schult das eigene Ge-
schmacksurteil, fördert die Kreativität und sorgt dafür, daß sich handwerkliche Unsauber-
keiten erst gar nicht einschleichen können.

Leider notwendig: Das typografische Maßsystem

Warum das grafische Gewerbe seit dem 18. Jahrhundert mit einem eigenen Maßsystem
arbeitet, mag vielerlei Gründe haben. Eine Ursache ist sicherlich der ausgeprägte Sinn für
Tradition, auf den Setzer und Drucker schon immer sehr viel Wert gelegt haben – trotz aller technologischen Entwicklungen und Umbrüche.

Jedenfalls schlugen in der Praxis bislang alle Versuche fehl, das typografische Maßsystem durch das metrische System abzulösen. Was nichts anderes heißt, daß sich auch der
DTP-Nutzer mit den Geheimnissen von Fachbegriffen wie Punkt und Cicero vertraut machen muß. Ganz so schwierig, wie es klingt, ist es aber gar nicht.

Wenn Sie auf dem Bildschirm ein Wort größer oder kleiner erscheinen lassen wollen,
müssen Sie Ihren Wunsch durch die Eingabe von Punkt-Größen ausdrücken. Genauso

möglich, und von einigen DTP-Systemen auch praktiziert, wäre die Angabe in Millimetern bzw. in englischsprachigen Programmen in Inches (2,54 cm). Doch das Rechnen mit Punkten hat sich auch beim DTP weitgehend durchgesetzt. Die Schrift, die Sie gerade lesen, ist beispielsweise 12 Punkt groß. Da ein Punkt 0,376 mm entspricht (in den USA 0,351 mm), bedeutet dies für die „Grundschrift" dieses Buches (12 points) eine Buchstabenhöhe von rund 4,2 mm. Einschließlich der Ober- und Unterlängen von Buchstaben wie d oder h bzw. p oder j.

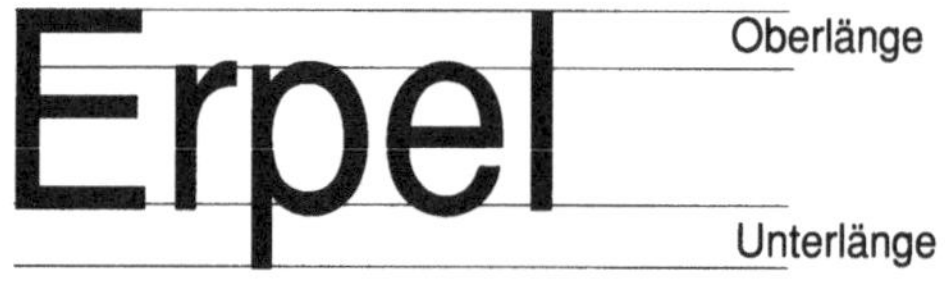

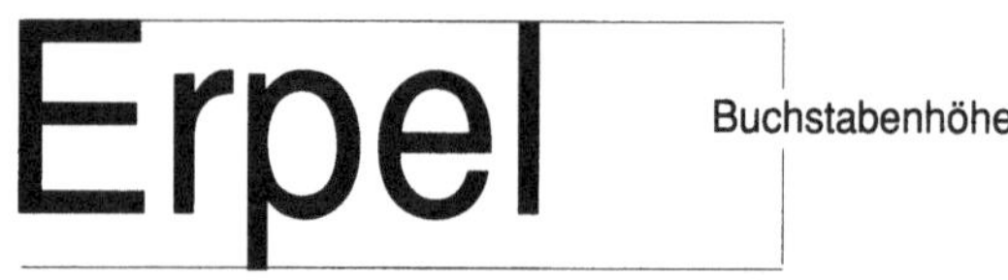

Wenn Sie es genau wissen wollen, benutzen Sie ein Typometer – ein durchsichtiges Lineal mit Punkt- und Millimetereinteilungen. Am besten, Sie lassen sich von einem Grafiker oder Drucker den Gebrauch des Typometers einmal kurz erläutern. Sie können dann bei gedruckten Vorlagen relativ einfach ablesen, wieviel Punkt die Schriftgröße beträgt und wie groß der Zeilenabstand ist.

Gemessen wird dabei immer von Schriftlinie zu Schriftlinie, also von den Unterkanten der Groß- und Kleinbuchstaben ohne Unterlängen.

Für jede Schriftart und -größe gibt es Tabellen, wie hoch die Versalien (Großbuchstaben) sind – in Punkt und Millimetern.

Sie messen nun die Versalhöhe in Millimetern, schlagen in der Tabelle nach, welchem Punktgrad die Schrift entspricht, und ermitteln den Schriftlinienabstand mit Hilfe Ihres Typometers. Wenn Sie vom Schriftlinienabstand (in Punkt) den ermittelten Schriftgrad (ebenfalls in Punkt) abziehen, wissen Sie, wieviel „Raum" der Setzer zwischen den Zeilen gelassen hat. Fachmännisch gesprochen: wie groß der „Zeilen-Durchschuß" ist.

Falls Ihr DTP-System mit amerikanischen Punkten arbeitet, so wie unsere Apple-Anlage, nutzt Ihnen ein deutsches Typometer allerdings nichts. Behelfen Sie sich dann mit einer am Computer selbst erstellten Tabelle, aus der Sie für jede Schrift und jeden Schriftgrad Buchstabenhöhen, Versalhöhen und Zeilenabstände ablesen können. Unbedingt erforderlich ist dies nicht; Sie haben ja Ihren Computer, den Sie jederzeit befragen können. Versuchen Sie trotzdem, ein Gefühl dafür zu bekommen, wie groß eine Schrift in 6, 8, 9, 12 oder 24 Punkt wirkt. Hier eine Orientierungshilfe (auf der Basis des amerikanischen Punktsystems):

Dies ist eine 6-Punkt Helvetica in normaler Schriftstärke.

Dies ist eine 8-Punkt Helvetica in normaler Schriftstärke.

Dies ist eine 9-Punkt Helvetica in normaler Schriftstärke.

Dies ist eine 10-Punkt Helvetica in normaler Schriftstärke.

Dies ist eine 12-Punkt Helvetica in normaler Schriftstärke.

Dies ist eine 13-Punkt Helvetica in normaler Schriftstärke.

Dies ist eine 14-Punkt Helvetica in normaler Schriftstärke.

Dies ist eine 16-Punkt Helvetica in normaler Schriftstärke.

Dies ist eine 18-Punkt Helvetica in normaler Schriftstä

Dies ist eine 20-Punkt Helvetica in normaler Sch

Dies ist eine 24-Punkt Helvetica in norm

Dies ist eine 30-Punkt Helvetica

Dies ist eine 36-Punkt Helv

Auch beim Zeilenabstand sollten Sie lernen, im typografischen Maßsystem zu denken. Wollen Sie den Abstand zwischen zwei Zeilen verändern, so tun Sie das durch entsprechende Punktangaben. Die Grundschrift dieses Buches ist, wie Sie bereits wissen, 12 Punkt groß. Der Abstand zwischen einem j auf der oberen Zeile und einem T oder h auf der unteren Zeile beträgt zwei Punkt. (Der Fachmann spricht hier von einer „12 auf 14 Punkt"-Schrift.) In den folgenden Zeilen haben wir die Zeilenabstände in Sprüngen von jeweils 4 Punkten vergrößert:

»Nur der Schwache wappnet sich mit Härte. Wahre Stärke kann sich Toleranz, Verständnis und Güte leisten. Nichts ist so stark wie Sanftmut. Nichts ist so sanft wie Stärke«

»Nur der Schwache wappnet sich mit Härte. Wahre Stärke kann sich Toleranz, Verständnis und Güte leisten. Nichts ist so stark wie Sanftmut. Nichts ist so sanft wie Stärke«

»Nur der Schwache wappnet sich mit Härte. Wahre Stärke kann sich Toleranz, Verständnis und Güte leisten. Nichts ist so stark wie Sanftmut. Nichts ist so sanft wie Stärke«

Sie können selbstverständlich auch Zeilen kompreß, also ohne Durchschuß untereinander setzen. Unser Beispiel – 12 auf 12 Punkt – zeigt allerdings, daß die Lesbarkeit dadurch nicht gerade gefördert wird. (Dies gilt insbesondere für größere Textmengen.) Deshalb ist in den meisten DTP-Systemen bereits automatisch ein lesefreundlicher Zeilenabstand berücksichtigt, den Sie aber per Tastendruck durchaus verändern können.

Wozu braucht man das typografische Maßsystem noch? Arbeiten Sie mit Linien, lassen sich bei einigen Programmen die gewünschten Linienstärken ebenfalls in Punkt angeben. Dazu wiederum einige Beispiele:

Haarlinie

1 Punkt-Linie

2-Punkt-Linie

4-Punkt-Linie

6-Punkt-Linie

Im klassischen Bleisatz wird das Punktsystem für sämtliche Maßangaben genutzt, zum Beispiel bei der Festlegung von Satzbreite und -höhe für eine Buchseite. Ausnahme ist das Papierformat, hier gilt glücklicherweise nach wie vor das metrische System. (Zu den sogenannten DIN-Formaten später mehr.)

Damit der Umgang mit Punkten nicht ganz so einfach ist, haben sich die Drucker für bestimmte Maße spezielle Bezeichnungen ausgedacht. Für uns wichtig ist davon nur eine, die Cicero. Die Cicero zählt zwölf Punkte. Eine 36-Punkt-Schrift ist also das gleiche wie eine 3-Cicero-Schrift, eine 12 Punkt starke Linie das gleiche wie eine 1-Cicero-Linie. (Das englische Wort für Cicero ist übrigens Pica.)

All dies mag zu Anfang noch etwas verwirrend klingen. Wir werden aber in den folgenden Kapiteln immer wieder mit Punktangaben arbeiten, so daß für Sie das Mysterium des typografischen Maßsystems bald enträtselt sein dürfte.

Wie wir bereits sagten, haben einige DTP-Systeme das Relikt des Rechnens mit Punkten nicht übernommen. Sie arbeiten ausschließlich mit Millimeterangaben. Dennoch sollte jeder DTP-Nutzer über das typografische Maßsystem Bescheid wissen. Die Verständigung mit Grafikern und Druckern ist dann einfacher.

III. Die typografischen Elemente

Schriftarten, Schriftschnitte, Schriftgrade

Schätzen Sie einmal, wie viele verschiedene Schriften es gibt. Fünfzig? Hundert? Zweihundert? Es sind mehr als 3.000 Schriften, die heute im Blei- oder Fotosatz angeboten werden! Größere Fotosatzstudios oder Druckereien haben davon nicht selten etwa tausend in ihrem Programm – und diese jeweils in Schnittvarianten wie halbfett, fett, mager oder kursiv und natürlich in allen möglichen Größen.

Sicher, viele Schriften unterscheiden sich im Bild nur in kleinen Nuancen. Dennoch ist die Wahl von Schriftart, -schnitt und -größe auch für Profis keine einfache Aufgabe. Kein Wunder, daß viele Typografen ihre „Lieblingsschriften" haben. Rund ein bis zwei Dutzend Arten, die sie genau kennen und mit denen sie immer wieder arbeiten.

Wir DTP-Nutzer haben es da einfacher. Leider. Denn das, was als Auswahl in den Standardprogrammen angeboten wird, ist alles andere als ein Füllhorn für Gestalter. Mittlerweile können Sie aber eine ganze Menge Schriften als Software zukaufen, um sie dann auf Ihrer Festplatte zu speichern. Doch dies kostet noch relativ viel Geld, pro Schriftfamilie (die Schriftart mit all ihren Schnitt- und Größenvarianten) ein paar hundert Mark. Nicht ganz billig sind auch die neuen Laserdrucker mit bereits integrierten umfangreichen Schriftprogrammen. Ganz abgesehen von den kleinen technischen Problemen und Fallstricken, die mit der Nutzung zusätzlicher Schriften verbunden sein können ...

Unser Vorschlag: Lassen Sie uns aus dieser Not eine Tugend machen. Gestalten lernen kann man auch mit wenigen Schriften, und das vielleicht viel einfacher. Für die meisten Anwendungen im Büro reichen die DTP-Standardschriften völlig aus. Später können Sie dann immer noch prüfen, ob sich der Mehraufwand für zusätzliche Schriften auch wirklich lohnt.

Was bietet DTP an Schriften? Wir wollen am Beispiel unserer Apple-Anlage etwas Systematik in das Programm bringen. Beginnen wir mit den Schriftarten. Die verfügbaren DTP-Schriften lassen sich zu drei Gruppen zusammenfassen:

Antiqua-Schriften – Charakteristisch hierfür sind die „Serifen": feine Ansatzstriche an den Buchstaben, die schräg mit leichter Rundung oder waagerecht in den Grundstrich des Buchstabens übergehen.

Times: ABCDEFGabcdefg123456789

Bookman: ABCDEFGabcdefg123456789

New Century Schoolbook: ABCDEFGabcdefg123456789

Palatino: ABCDEFGabcdefg123456789

Grotesk-Schriften – Sie werden in Laienkreisen auch als Blockschriften bezeichnet. Alle Striche des Buchstabens sind optisch gleich stark. Serifen gibt es nicht. (Dies empfand man früheren Zeiten als „grotesk" – heute ist diese Schriftart wegen ihres klaren, sachlichen Stils besonders geschätzt.)

Helvetica: ABCDEFGabcdefg123456789

New Helvetica Narrow: ABCDEFGabcdefg123456789

Avant Garde: ABCDEFGabcdefg123456789

Misch- und Sonderformen – Dazu gehören Schreibschriften, Zierschriften oder typische Schreibmaschinen-Schriften. Frakturschriften, die bis ins 20. Jahrhundert hinein das Bild von Zeitungen und Büchern prägten, spielen heute so gut wie keine Rolle mehr.

Zapf Chancery: ABCDEFGabcdefg123456789

Courier: ABCDEFGabcdefg123456789

Symbol: ABXΔEΦΓαβχδεφγ123456789

Bei fast allen Schriftarten haben Sie die Möglichkeit, sich für verschiedene Schnitte oder Stärken zu entscheiden. Die Palette umfaßt neben den „normalen" Schnitten, wie sie die vorstehenden Schriftmuster zeigen, Varianten wie fett, schrägstehend (kursiv), licht oder schattiert. Bei der Helvetica und der Times sieht das beispielsweise folgendermaßen aus:

Helvetica normal

Helvetica fett

Helvetica kursiv

Helvetica kursiv-fett

Helvetica licht

Helvetica schattiert

Times normal

Times fett

Times kursiv

Times kursiv-fett

Times licht

Times schattiert

Über Schriftgrößen (Schriftgrade) haben wir schon im Kapitel zum typografischen Maßsystem gesprochen. Alle Schriftarten und -schnitte können Sie nahezu in jedem Schriftgrad drucken – von 4 Punkt (Achtung: Augenpulver) bis hin zur Plakatschriftgröße von 6 Cicero (72 Punkt) und mehr.

Vom Buchstaben zum Wort

Jede Schrift hat ihren eigenen Charakter. Das, was Sie in Ihrer Drucksache zum Ausdruck bringen wollen – Inhalt und Tenor –, läßt sich durch die Wahl einer entsprechenden Schrift verstärken oder abschwächen. Nehmen wir als Beispiele einige prägnante Begriffe, und spielen wir je zwei Varianten durch:

Liebesbrief *Liebesbrief*
Stahlbau **Stahlbau**
Amtsgericht Amtsgericht

Ist es nicht überraschend, wie unterschiedlich Schrift und Inhalt zueinander passen? Dennoch sollten Sie nicht versuchen, sich bei der Schriftwahl immer von tatsächlichen oder vermeintlichen „Symbolgehalten" leiten zu lassen. Bei den meisten Drucksachen kommt es nur auf eines an: auf Übersichtlichkeit, Lesbarkeit und optische Gesamtwirkung. Ob Antiqua- oder Groteskschrift ist dabei letztlich Geschmacksfrage. Viel wichtiger als die Auswahl einer Schriftart ist der Umgang mit der Schrift. Denn gerade hier wird viel gesündigt – und die Sünden werden durch die vielen technischen Möglichkeiten von DTP geradezu herausgefordert. Beim einzelnen Wort geht es schon los. (Für die folgenden Beispiele haben wir sogenannten Blindtext verwendet.)

Fette Buchstaben werden fast bis zur Unleserlichkeit zusammengedrückt:

Lorem ipsum dolor sit amet, consectetuer adipiscing elit, sed diam nonummy nibh euismod tincidunt ut laoreet dolore magna aliquam erat volutpat. Ut wisi enim ad minim veniam, quis nostrud exerci tation ullamc.

Ebenso Versalien (Großbuchstaben), die über eine oder mehrere Zeilen laufen:

LOREM IPSUM DOLOR SIT AMET, CONSECTETUER ADPISCING ELIT, SED DIAM NONUMMY NIBH EUISMOD TINCIDUNT UT LAOREET DOLORE MAGNA ALIQUAM ERAT VOL.

Ganz schlimm wird es dann bei fetten Versal-Zeilen:

LOREM IPSUM DOLOR SIT AMET, CONSECTETUER ADPISCING ELIT, SED DIAM NONUMMY NIBH EUISMOD TINCIDUNT UT LAOREET DOLORE MAGNA ALIQUAM ERAT VOLUPTAT. UT WISI EN.

Zu große Wortabstände zerhacken den Lesefluß:

Lorem ipsum dolor sit amet, consectetuer adipiscing elit, sed diam nonummy nibh euismod tincidunt ut laoreet dolore magna aliq.

Unschön sind auch zu weite Buchstabenabstände (Sperrungen):

L o r e m   i p s u m   d o l o r   s i t   a m e t ,   c o n s e c t e t u e r   a d i p i s c i n g   e l i t   s e d i .

Kursivschriften sollten der Betonung einzelner Wörter oder Sätze dienen. Als Grundschrift verwendet sind sie manchmal nicht gerade sehr lesefreundlich:

Lorem ipsum dolor sit amet, consectetuer adipiscing elit, sed diam nonummy nibh euismod tincidunt ut laoreet dolore magna aliquam erat volutpat. Ut wisi enim ad minim veniam, quis nostrud exerc.

Ein zu kleiner Schriftgrad schafft zwar bei größeren Textmengen eine optisch interessante Graufläche, sollte aber nur verwendet werden, wenn es auf das Durchlesen der Zeilen nicht besonders ankommt. So wie beim typischen „Kleingedruckten" bei Kaufverträgen:

Lorem ipsum dolor sit amet, consectetuer adipiscing elit, sed diam nonummy nibh euismod tincidunt ut laoreet dolore magna aliquam erat volutpat. Ut wisi enim ad minim veniam, quis nostrud exerci tation ullamcorper suscipit lobortis nisl ut aliquip ex ea commodo consequat. Duis autem vel eum iriure dolor in hendrerit in vulputate velit esse molestie conse. quat, vel illum dolore eu feugiat nulla facilisis at vero eros et accumsan et iusto odio dignissim qui blandit praesent lupta.

Ein besonders düsteres Kapitel sind Zeilen und Wörter, die negativ erscheinen. Sie sind in Anhäufung für die Leser oft nichts anderes als eine Zumutung:

Lorem ipsum dolor sit amet. consectetuer adipiscing elit. sed diam nonummy nibh euismod tincidunt ut laoreet dolore magna aliquam erat volutpat. Ut wisi enim ad minim veniam. quis nostrud exerci tation ullamcorper suipit lobortis nisl ut aliquip ex ea commodo consequat. Duis autem vel eum iriure dolor in hendrerit in vulputate velit esse molestie consequat. vel illum dolore eu feugiat nulla facilisis at vero eros et accumsan et iusto odio diissim qui blandit praesent luptatum.

Im Negativsatz benötigt man schon etwas Fingerspitzengefühl, um Flimmern und Schwindelgefühle zu vermeiden. Es empfiehlt sich, den Buchstaben- und den Zeilenabstand etwas weiter zu halten und auf kleine und „magere" Schriften besser zu verzichten:

Im Negativsatz wählen Sie besser einen größeren Schriftgrad und Zeilenabstand.

Wörter, die aus optisch ungünstigen Buchstabenkombinationen bestehen, sollten Sie am Computer nachbessern. Insbesondere bei Versalien oder größeren Schriftgraden ist immer Vorsicht geboten, wenn im Wort ein A, L, T, V und W auftaucht:

vorher **ABIL**   nachher **ABIL**

vorher **Verlag**   nachher **Verlag**

Anführungszeichen gehören zu Beginn des Wortes nach unten und am Ende des Wortes nach oben: **„Also so"**. Ist Ihr Computer anderer Meinung, können Sie eventuell auf Sonderzeichen-Programme zurückgreifen. Möglich und bei Versalien oder Überschriften sogar schöner sind die »**französischen**« Anführungen. Achten Sie bitte auch bei der Verwendung von Anführungs-, Satz- und Sonderzeichen auf einen optischen Ausgleich der Zeichen- und Buchstabenabstände eines Wortes.

Gesperrte Wörter sind nur selten besonders e i n d r u c k s v o l l. Im fließenden Text stören sie nur. Besser ist es, die hervorzuhebenden Satzteile *kursiv* zu setzen. Oder beispielsweise in KAPITÄLCHEN, sofern Ihr DTP-System diese Möglichkeit bietet. Sie können natürlich auch einzelne Satzteile durch eine fette Schrift **besonders** herausstellen.

Versuchen Sie bitte, die vorstehenden typografischen Empfehlungen auf Ihrer DTP-Anlage nachzuvollziehen. Ist zu vieles technisch nicht möglich, und Ihr Händler kann Ihnen auch nicht weiterhelfen, dann sollten Sie sich von Ihrem System trennen. Besser heute als morgen.

Zeilenlänge und -abstand

Schriftart, Schriftgröße, Zeilenlänge und Zeilenabstand müssen zueinander passen und miteinander harmonieren. Und zwar unter Berücksichtigung von Textmenge und Leseabstand. Hier feste Regeln aufstellen zu wollen, ist müßig. Die Praxis zeigt, daß nahezu alles möglich ist.

Dennoch sollten Sie zwei Orientierungshilfen beachten, über die Sie sich wirklich nur in begründeten Ausnahmefällen hinwegsetzen können.

Erster Grundsatz: Zeilen, die im Verhältnis zum Schriftgrad zu kurz oder zu lang sind, empfindet der Leser als Quälerei.

Wissenschaftliche Untersuchungen haben ergeben, daß bei umfangreichen Texten die Lesegeschwindigkeit am höchsten ist, wenn ein Schriftgrad zwischen 8 und 14 Punkt gewählt wird. Die Zeilenlänge sollte dann 6 cm nicht unter- und 15 cm nicht überschreiten. Eine 8-Punkt-Schrift in einer Zeilenlänge von 15 cm stellt demnach das gerade noch zulässige Extrem dar.

Texte in einer 14-Punkt-Schrift in einer Zeilenlänge von 6 cm sind das andere mögliche Extrem. Innerhalb dieser Bandbreite ist der gestalterische Spielraum noch so groß, daß auf Abweichungen guten Gewissens verzichtet werden kann.

Wohlgemerkt, dies gilt für längere Texte in Katalogen, Zeitungen oder Gebrauchsanleitungen (und für einen normalen Leseabstand).

Zweiter Grundsatz: Genauso wie die Zeilenlänge muß sich auch der Zeilenzwischenraum („Durchschuß") nach dem verwendeten Schriftgrad und der Textmenge richten. Sie sollten mindestens mit einem 2-Punkt-Durchschuß arbeiten, egal, ob Sie eine 8-Punkt-Schrift oder eine 14-Punkt-Schrift benutzen. Dies ist aber wirklich nur das Minimum. Seien Sie bei der Wahl des Zeilenabstandes ruhig großzügig.

Ein Durchschuß von 6 Punkt bei einer 10-Punkt-Schrift (10 auf 16 Punkt) ist beispielsweise sehr lesefreundlich. Bei geringen Textmengen können Sie sogar noch darüber hinausgehen. Entscheiden Sie sich im Zweifelsfall lieber für einen kleineren Schriftgrad mit entsprechend mehr Durchschuß als für den umgekehrten Fall. Nichts ist störender als fast aufeinanderstoßende Zeilen, die optisch ineinander übergehen.

Je länger eine Zeile ist, desto größer sollte auch der Zeilenabstand sein. Ebenso brauchen Versalzeilen, breitlaufende Schriften oder fette Schriften eher mehr Platz, um sich optisch wirkungsvoll „entfalten" zu können. Nicht nur beim Durchschuß, sondern auch bei den Wortzwischenräumen.

Satzspalten, Satzarten

Da das Lesen langer Zeilen auf Dauer ermüdet, ist es meist vorteilhafter, eine Druckseite in Spalten aufzuteilen. Unser Buch ist nur wegen der vielen Beispiele, die direkt an das betreffende Thema anschließen müssen, einspaltig gesetzt.

Stellen Sie zwei oder mehr Spalten nebeneinander, sollten die Zeilen benachbarter Spalten auf der gleichen Höhe stehen, sie müssen Linie halten. Sind Absätze in den einzelnen Spalten, ist diese Forderung nur zu erfüllen, wenn eventuelle Zwischenräume auf Zeilenstärken aufgehen (Leerzeilen).

Und noch etwas, auf das gelernte Schriftsetzer sehr viel Wert legen:

Lassen Sie niemals eine neue Spalte mit der letzten Zeile des vorangegangenen Absatzes beginnen. „Hurenkind" nennt der Setzer diese Todsünde. Ebenso häßlich und verloren wirkt der „Schusterjunge"; das Pendant zum „Hurenkind". Was ein Schusterjunge ist, ahnen Sie sicherlich schon: Die letzte Zeile einer Spalte ist der Beginn eines neuen Absatzes.

lorem ipsum dolor sit amet.

Consectetuer adipiscing elit, sed diam nonummy nibh euismod tincidunt ut laoreet dolore magna aliquam erat volutpat. Ut wisi enim ad minim veniam, quis nostrud exerci tation ullamcorper suscipit lobortis nisl ut aliquip ex ea commodo consequat. Duis autem vel eum iriure dolor in hendrerit in vulputate velit esse molestie.

Consequat, vel illum dolore eu feugiat nul-

lorem ipsum dolor sit amet, consectetuer adipiscing elit, sed diam nonummy nibh euismod tincidunt ut laoreet dolore magna aliquam erat volutpat.

Ut wisi enim ad minim veniam, quis nostrud exerci tation ullamcorper suscipit lobortis nisl ut aliquip ex ea commodo consequat. Duis autem vel eum iriure dolor in hendrerit in vulputate velit esse molestie consequat, vel illum dolore eu feugiat nulla facilisis at vero eros et accumsan et iusto

Beide typografischen Fallstricke drohen auch beim einspaltigen Satz, der über zwei oder
mehr Seiten verläuft. Durch die geschickte Wahl von Absätzen bzw. Leerzeilen können
Sie Hurenkinder oder Schusterjungen meist vermeiden. Wenn Sie dafür keinen Spielraum
haben, hilft nur das Einbringen oder Austreiben von Zeilen durch Veränderungen von
Wortzwischenräumen. Sie sparen dadurch eine Zeile ein oder bekommen eine Zeile mehr.
Anfangs- und Ausgangszeichen eines Absatzes rücken dann dahin, wo sie hingehören –
nämlich nach oben bzw. nach unten. In manchen Fällen kommen Sie allerdings um kleinere Abänderungen des Manuskriptes nicht herum.

Was wir in den vorangegangenen Abschnitten zum Thema Schriftgrad, Zeilenlänge und
Zeilenabstand gesagt haben, trifft natürlich auch für den mehrspaltigen Satz zu. Ob Sie
zur Trennung der Spalten einen leeren Zwischenraum bevorzugen oder eine senkrechte
Linie, ist letzlich Geschmacksfrage. Wichtig ist nur, daß die Spalten nicht zu eng aneinan-
derstehen. Faustregel: Der Zwischenraum zwischen Spalten sollte nicht kleiner sein als
der verwendete Schriftgrad. (Bei einer 12-Punkt-Schrift also 12 Punkt oder 5 mm.)

Sie können die Zeilen einer Spalte flattern lassen oder alle Zeilen durch Variation der
Wortzwischenräume gleichlang setzen (Blocksatz). Beim linksbündigen Flattersatz laufen die Zeilen nach hinten frei aus.

Beim rechtsbündigen Flattersatz ist die Satzkante nach rechts ausgerichtet. Die Zeilen beginnen also auf der linken Seite unregelmäßig. Mitunter wirkt das typografisch ganz interessant. Da es aber nicht der normalen Lesegewohnheit entspricht, Zeilenanfänge zu suchen, ist hierbei Zurückhaltung angebracht.

Ein symmetrischer Zeilenfall wirkt zwar etwas konservativ,
bietet sich aber bei einer nicht allzu großen Zeilenzahl an. Und zwar dann,
wenn ein repräsentativer, vornehmer Gesamteindruck
erzielt werden soll.

Darüber hinaus können Sie Zeilen unterschiedlicher Breite so setzen, daß sie weder
rechtsseitig noch linksseitig eine gleiche Begrenzung aufweisen. Ähnlich wie beim
rechtsbündigen und beim symmetrischen Zeilenfall empfiehlt sich auch beim freien Zeilenfall eine sparsame Verwendung.

Blocksatz oder Flattersatz? Dies ist auch eine Glaubensfrage. Sobald Sie aber merken,
daß der Blocksatz zu vielen Trennungen, zum Beispiel zu mehr als drei Trennungen hin-

tereinander führt, oder daß die Wortzwischenräume zu eng oder zu breit wirken, sollten Sie sich für den Flattersatz entscheiden. Oder Sie wählen eine größere Spaltenbreite.

Einzüge und Initialen

Wenn Sie zur Kennzeichnung von Absätzen auf das Einfügen von Leerzeilen verzichten, dann sollten Sie die erste Zeile eines neuen Absatzes mit einem Einzug beginnen - also mit einem nach rechts verschobenen Zeilenanfang.

Wie groß dieser Einzug ist, bleibt Ihrem Empfinden überlassen. Zumindest sollte ein optisch leeres Quadrat entstehen. Ein Einzug muß ja schließlich vom Auge auch als ein solcher genügend wahrgenommen werden. Andererseits darf die Geschlossenheit der Satzspalte durch einen Einzug keine Einbuße erleiden. Bei vielen kurzen Absätzen wirken zu lange Einzüge unruhig. Auch unter einer Überschrift sollten Sie deshalb den ersten Abschnitt nicht mit einem Einzug beginnen.

Machen Sie den Beginn eines neuen Absatzes durch eine vorangestellte Leerzeile deutlich, können Sie Einzüge weglassen. Sie können, müssen aber nicht. Lassen Sie auch hier Ihren typografischen Geschmack entscheiden.

Der Beginn einer neuen Spalte oder eines neuen Kapitels kann durch die Verwendung einer sogenannten Initiale besonders hervorgehoben werden. Im einfachsten Fall benutzen Sie dazu einen deutlich größeren Grad der Grundschrift, mit einem Zeileneinzug oder ohne.

Sie können auch den Initialbuchstaben über mehrere Zeilen laufen lassen, Art und Schnitt der Grundschrift variieren oder mit Buchstabenumrandungen arbeiten. Ihrem Einfallsreichtum sind hier keine Grenzen gesetzt. Wichtig ist allein der Gesamteindruck.

Wenn allerdings jeder Absatz einer Seite mit einem Initialbuchstaben beginnt, ist die optisch gute Wirkung gefährdet. Bei Werbedrucksachen kann man das vielleicht noch akzeptieren, nicht aber bei buchähnlichen Werken. Hier sollte eine Initiale höchstens einmal pro Seite auftauchen.

Bei aller gestalterischen Freiheit – man kann sogar kurze Wörter initialmäßig verwenden – gibt es dennoch ein Gebot: Die Initiale muß in ihrer unteren Begrenzung mit der sie abschließenden Textzeile genau Schriftlinie halten.

Die Kunst des Schriftmischens

Je weniger, desto besser. Das ist die beste Empfehlung, die wir Ihnen zum Mischen von Schriften geben können. Versuchen Sie, die Schriftart, für die Sie sich entschieden haben, konsequent beizubehalten. Sie haben genug Variationsmöglichkeiten in ein und derselben Schrift, um einzelne Textteile oder Wörter zu gliedern oder herauszustellen: Sie können den Schriftgrad größer oder kleiner wählen, fette oder kursive Schriftschnitte verwenden oder beispielsweise mit Unterstreichungen und Großbuchstaben arbeiten. Machen Sie sich – wenigstens am Anfang – die sogenannte Dreier-Regel zu eigen:

Benutzen Sie nicht mehr als drei verschiedene Schriftgrade plus -schnitte pro Drucksache! Wenn Sie unbedingt verschiedene Schriftarten miteinander kombinieren wollen, achten Sie auf Kontraste. Mischen Sie also nicht eine Grotesk- oder Antiquaschrift mit einer anderen Grotesk- oder Antiquaschrift. Sondern nehmen Sie für die Grundschrift eine Antiqua und nur für die Überschriften eine Grotesk. Oder entscheiden Sie sich bei herauszustellenden Zeilen für eine (!) Schrift-Grundform, die Sie drei oder mehr Grad größer als die Grundschrift absetzen.

Wie Sie mit drei oder höchstens vier Modifizierungen der Schrift Ihres Basistextes auskommen, zeigen wir Ihnen mit unseren Beispielen im vierten und fünften Kapitel.

Überschriften und Titel

Für Titelzeilen oder Überschriften gibt es zunächst nur eine gestalterische Richtlinie: Buchstaben- und Wortabstände, Zeilenabstand und Zeilenfall bedürfen großer ästhetischer Sorgfalt.

Wie groß oder klein Sie den Schriftgrad wählen, ob Sie einen fetten oder normalen Schriftschnitt verwenden – all das bleibt Ihrem typografischen Empfinden überlassen. Nicht aber das „Handwerkliche". Wichtiges haben wir dazu bereits in den vorangegangenen Abschnitten erläutert. Hier noch ein paar spezielle Empfehlungen:

• Vermeiden Sie im Zeilenfall unschöne Treppen, Stufen oder Löcher

• Der Zeilenfall sollte rhythmisch wirken

• Der natürliche Lesefluß darf nicht gestört werden

• Die Zeilengliederung ist auch nach inhaltlichen Aspekten sorgfältig vorzunehmen

• Gleichen Sie Buchstaben- und Zeilenabstände optisch aus.

Beim folgenden Beispiel erkennen Sie, daß der Zeilenabstand bei Überschriften sorgfältiges Nachbearbeiten erfordert, wenn mehrere Ober- und Unterlängen in den Wörtern auftauchen. In der zweiten Fassung wurde der Zeilenabstand zur unteren Zeile leicht vergrößert.

Wörter und Zeilen gruppieren mit Desktop Publishing

Wörter und Zeilen gruppieren mit Desktop Publishing

Titelzeilen oder Überschriften und nachfolgende Textpassagen müssen zueinander passen – Schriftarten, Schriftgrade, Durchschüsse und natürlich die Stellung der Zeilen und Schriftblöcke auf dem Papier. Harmonie und Kontrast sind dabei keine Gegensätze. Kontrast im typografischen Sinne muß Harmonie sein, trotz der anzustrebenden Spannung. Zu große Gradunterschiede bilden keinen Kontrast mehr, sie wirken künstlich und unharmonisch. Textteile, alle im gleichen Grad gesetzt, führen leicht zu einem langweiligen, spannungslosen Gesamteindruck. Patentrezepte gibt es leider nicht, das typografische Feinempfinden muß durch ständiges Üben geschult werden.

Was wir eben zu den Überschriften gesagt haben, gilt ganz genauso für die Zwischenüberschriften.

Zwischenüberschriften lassen sich auch seitlich – rechts oder links – vom Textblock plazieren. Gewissermaßen als Randbemerkungen, die aus einer oder aus mehreren Zeilen bestehen. Diese „Marginalien" können Sie auch in einem kleinen Schriftgrad setzen, ohne daß deren Lesbarkeit oder Wirkung beeinträchtigt ist. Insbesondere bei längeren Texten erleichtern Marginalien das schnelle Erkennen der Textinhalte, auf die es ankommt.

Marginalie   Lorem ipsum dolor sit amet, consectetuer adipiscing elit, sed diam nonummy nibh euismod tincidunt ut laoreet dolore magna aliquam erat volutpat. Ut wisi enim adm enim veniam, quis nostrud exerci tation ullamcorper suscipit lobortis nisl ut aliquip ex ea commodo consequat. Duis autem vel eum iriure dolor in hendrerit in vulputate velit esse molestie consequat, vel illum dolore eu feugiat

Zu guter Letzt sei noch einmal an unsere Dreier-Regel erinnert: Mehr als drei Schriftarten, -grade und -schnitte sollten Sie für eine Drucksache nicht verwenden. Für gut gestaltete Drucksachen sind im Normalfall wenig Schriftverschiedenheiten charakteristisch.

Papierformat und Satzspiegel

Das, was auf dem Papier inklusive der Überschriften als bedruckte Fläche in der Höhe und Breite erscheint, ist der Satzspiegel. Welche Maße er hat, richtet sich in erster Linie nach dem Papierformat: Sie müssen festlegen, wie groß die unbedruckten Papierränder sein sollen, die den Satz nach oben, unten, rechts und links begrenzen. Besteht Ihre Drucksache nur aus einer oder wenigen Zeilen, wie es bei einseitigen Ankündigungen, Kurzinformationen oder Einladungskarten der Fall ist, schieben Sie im Normalfall die Zeilen solange auf dem Monitor hin und her, bis Sie mit dem Ergebnis zufrieden sind. Über den Satzspiegel brauchen Sie sich dabei keine Gedanken machen.

Anders ist es bei mehrseitigen Drucksachen oder bei Einzelseiten mit großen Textmengen. Hier müssen Sie sich zwangsläufig entscheiden, wie die bedruckte Fläche auf der Seite stehen soll. Und zwar bevor Sie mit dem Satz beginnen. Möglich ist dabei grundsätzlich alles. Besser gesagt: fast alles, da bei den meisten Laserdruckern ein Papierrand von etwa 5 mm nicht unterschritten werden kann. Wenn Sie den oberen und unteren freien Papierraum im Verhältnis von 3 zu 5 aufteilen, erzielen Sie einen klassischen Satzspiegel, wie er bei vielen Büchern Anwendung findet. Die seitlichen Ränder sollten dann – bei

mehreren Seiten – im Verhältnis 2 zu 4 aufgeteilt werden. Der innere Rand ist bei gegen-
überliegenden Seiten dabei immer der schmalste Rand. Mit zwei Diagonalen, die Sie über
das Papierformat ziehen, können Sie sich die Bemessung der seitlichen Ränder einfacher
machen. Das Ergebnis ist in etwa das gleiche.

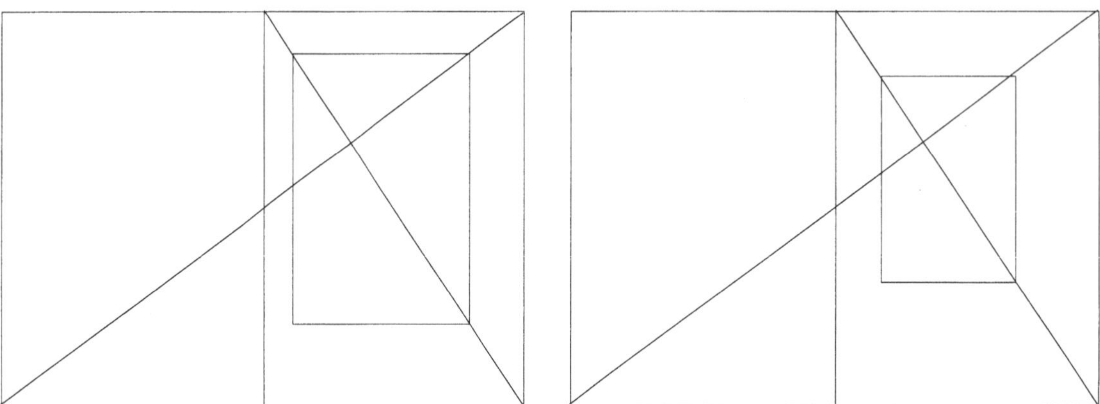

Handelt es sich um eine einseitige Drucksache, ist es natürlich besser, den Satzspiegel auf
Mitte zu stellen, den rechten und den linken Rand also gleich groß zu halten. Wählen Sie
dann ein Verhältnis von 3 zu 5 zu 7 (drei Einheiten für den oberen Rand, jeweils fünf für
die Seitenränder und sieben für den unteren Rand).

Dies sind allerdings nur Orientierungshilfen zum Herantasten an einen harmonischen
Satzspiegel, wie er bei Büchern üblich ist. Letzlich kommt es auf Ihr gestalterisch geschultes Auge an, wie Sie Textmenge, Satzformat, Schriftgrad und Papierformat miteinander in Einklang bringen. Ein Satzspiegel kann beispielsweise auch so aussehen:

Insbesondere bei Drucksachen mit werblichem Charakter können Sie sich nach einiger Erfahrungszeit auch an eigenwillige Lösungen heranwagen. Lassen Sie sich von Beispielen, die Ihnen gefallen, ruhig anregen.

Vom Umgang mit Linien, Flächen und Bildern

Mit der Linie verhält es sich wie mit dem berühmten Tropfen Öl: Sparsam verwendet können beide Wunder bewirken. So manche Drucksache, bei der man mit der Gestaltung irgendwie unzufrieden ist, gewinnt plötzlich durch das Einfügen einer oder mehrere Linien bei ansonsten unveränderter Typografie. Sie trennen oder verbinden die Satzteile besser, betonen wichtige Wörter oder Wortgruppen, oder sie beleben ganz einfach störende weiße Räume auf dem Papier.

Ihre Wirkung kann aber auch verheerend sein. Die Drucksache wirkt unruhig, überladen und unübersichtlich. Insbesondere dann, wenn Linien lediglich als Schmuckelemente verwendet werden. Wer heutige Druckerzeugnisse unter typografischen Gesichtspunkten betrachtet, stellt allerdings fest, daß schmückende Linien und auch Balken im Vormarsch sind. Es gibt sicherlich so etwas wie einen „typografischen Zeitgeist". Und der nimmt es mit der funktionalen Logik der Linienverwendung nicht mehr ganz so bierernst. Als typografischer Einsteiger sollten Sie sich aber an Linien und Balken als gestalterische Stilmittel nur mit großer Vorsicht und Zurückhaltung heranwagen. Im Kapitel III sehen Sie auch ein paar Beispiele, was Sie - später - mit Linien als Schmuckelement machen können.

Für Flächen gilt sinngemäß das gleiche wie für Linien. Ob gerasterte Flächen als Untergrund für die Schrift oder Negativflächen - sie können Drucksachen beleben und besser gliedern, aber auch stören und verwirren. Sparsame und überlegte Verwendung ist also empfehlenswert.

Und wählen Sie im Zweifelsfall eher einen hellen Rasterton, wenn die Fläche als Untergrund für die Schrift dient. Der Grauwert könnte sonst die Schrift unleserlich machen.

Und wählen Sie im Zweifelsfall eher einen hellen Rasterton, wenn die Fläche als Untergrund für die Schrift dient. Der Grauwert könnte sonst die Schrift unleserlich machen.

Bei Abbildungen – Fotos, Illustrationen oder technischen Zeichnungen – ist die Verwendung in den meisten Fällen keine gestalterische Ermessensfrage, sondern Vorgabe. Schrift und Bild müssen sich gut ergänzen. Mehr wollen wir Ihnen im Moment dazu nicht sagen. Im Kapitel zur Praxis des Gestaltens werden Sie erfahren, worauf es dabei im einzelnen ankommt.

Papier und Farbe

Kleinere Auflagen drucken Sie über den Laserdrucker. Sie können dann auch nur dafür geeignetes Papier verwenden. Also Papiere, deren Stärke normalerweise zwischen typischem Schreibmaschinenpapier (80 g/qm) und sehr leichtem Karton (140 g/qm) liegt. Die Grammbezeichnungen sind dabei das Maß für die Papierstärke.

Die richtige Papierwahl entscheidet über den Gesamteindruck der Drucksache. Auch typografisch gelungene Broschüren, Programme oder Infomationsblätter sehen auf billigen, leicht gelblichen oder knittrig wirkenden Papieren zweitklassig aus. Es lohnt sich also, bei der Papierwahl etwas anspruchsvoller zu sein.

Sie können auch farblich getönte Papiere benutzen, um der optischen Wirkung der gesetzten Arbeit eine letzte Abrundung oder einen eigenen Charakter zu verleihen. Achten Sie dann aber auf helle Tönungen. Schließlich soll die Schrift ja voll zu Geltung kommen. Eine Prospektseite auf einem zarten grauen Papier gedruckt oder eine Produktübersicht auf einem hellen Blau kann sehr reizvoll und kontrastreich aussehen.

Normalerweise orientieren Sie sich beim Papierformat an der sogenannten DIN-Normung. Die meisten Drucksachen werden Sie sicherlich im Format DIN A 4 produzieren und gegebenenfalls später zurechtschneiden bzw. zum Format DIN A 5 (als Klappblatt) oder zum Format DIN A 4 gedrittelt (Leporellofalz) falten. (Wenn Sie es per Hand machen, besorgen Sie sich in einem Grafikzubehör-Geschäft für ein paar Mark ein Falzbein.) Sie können aber auch vom DIN-Format abweichen und zum Beispiel ein quadratisches Papierformat wählen. Auch bei kleinen Auflagen benutzen Sie dann natürlich zum Abschneiden der Ränder keine Schere, sondern eine einfache Schneidemaschine, die etwa 300,- DM kostet. Daß Sie die Schneidemarken zweckmäßigerweise per DTP mitsetzen, versteht sich von selbst.

Hier noch als Übersicht die wichtigsten DIN-Formate:

DIN A 7:   74 x 105 mm

DIN A 6: 105 x 148 mm (Postkartenformat)

DIN A 5: 148 x 210 mm

DIN A 4: 210 x 297 mm (Geschäftsbriefformat)

DIN A 3: 297 x 420 mm

DIN A 2: 420 x 594 mm (Kleinplakat)

DIN A 1: 594 x 841 mm (Plakat)

Kleinplakate können Sie nicht mehr direkt mit dem Laserdrucker produzieren. Ihre Vorlage im Format DIN A 4 muß dann von einer Kopier- oder Reproanstalt hochvergrößert werden.

Einzelne Satzteile oder Abbildungen lassen sich durch eine zusätzliche Druckfarbe besonders herausstellen. Verfügen Sie über einen Mehrfarb-Laserdrucker oder -Kopierer, wechseln Sie einfach die schwarze Patrone aus und lassen die Seite nochmals, nun mit der Farbpatrone, durchlaufen. Sie brauchen also zwei Vorlagen – eine mit dem schwarzen Satz und eine nur mit den Satzteilen, die Sie farbig auszeichnen wollen. Ganz genau so macht es im Prinzip auch die Druckerei.

Farbige Drucksachen sind sehr wirkungsvoll, wenn Farbigkeit nicht mit Buntheit verwechselt wird. Zuviel des Guten ist eher störend.

IV. Die Praxis des Gestaltens

Die Aufteilung von Flächen: Spannung und Harmonie

Die Angst des Typografen vor der leeren Fläche – so gänzlich unbekannt ist sie wohl keinem Gestalter. Ein bewährter Einstieg ist es, sich einige Grundformen der Satzanordnung vor Augen zu halten. Dazu zeigen wir Ihnen einige Beispiele mit Blindtext. Zunächst die klassische Satzweise, die symmetrische Anordnung: Alle Satzelemente sind so gestellt, daß sie links und rechts vom.Papierrand jeweils den gleichen Abstand haben. Der untere Papierrand ist aus optischen Gründen dabei immer etwas größer als der obere.

Lorem ipsum

Lorem ipsum dolor sit amet, consectetuer adipiscing elit, sed diam nonummy nibh euismod tincidunt ut laoreet dolore magna aliquam erat volutpat. Ut wisi enim ad minim veniam, quis nostrud exerci tation ullamcorper suscipit lobortis nisl ut aliquip ex ea commodo consequat. Duis autem vel eum iriure dolor in hendrerit.

In vulputate velit esse molestie consequat, vel iiriure dolor in hendrerit in vulputate velit esse molestie consequat, vel illum dolore eu feugiat nulla facilisis at vero eros et accumsan et iusto odio dignissim qui blandit praesent luptatum zzril delenit augue duis dolore te feugait nulla facilisi. Lorem ipsum dolor sit amet.

Illum dolore eu feugiat nulla facilisis at vero eros et accumsan et iusto odio dignissim qui.

Lorem ipsum dolor sit amet consectetuer adipiscing elit

Sed diam nonummy nibh euismod tincidunt ut laoreet dolore magna aliquam erat volut pat.Ut wisi enim ad minim veniam, quisno strud exerci tation ullamcorper suscipit lobor tis nisl ut aliquip ex ea commodo consequat. Duis autem vel eum iriure dolor in hendrerit in vulputate velit esse molestie consequat, vel illum dolore eu feugiat nulla facilisis at vero eros et accumsan et iusto odio dignissi qui blandit praesent luptatum zzril delenitta ugue duis dolore te feugait nulla facilisi.Lor ipsum dolor sit amet feugiat nulla facilisis.

Sed diam nonummy nibh euismod tincidunt ut laboreet dolore magna aliquam erat volut pat.Ut wisi enim ad minim veniam, quisno strud exerci tation ullamcorper suscipit lobo: tis nisl ut aliquip ex ea commodo consequat. Duis autem vel eum iriure dolor in hendrerit in vulputate velit esse molestie consequat, vel illum dolore eu feugiat nulla facilisis at vero eros et accumsan et iusto odio dignissi qui blandit praesent luptatum zzril delenitta ugue duis dolore te feugait nulla facilisi.Lor ipsum dolor sit amet feugiat nulla facilisis.

Asymmetrischer Satz ist in der Regel spannungsreicher und bietet auch mehr Varianten der Flächenaufteilung. Vermeiden Sie, Überschriften oder Textblöcke in der senkrechten oder waagerechten Seitenmitte beginnen zu lassen. Denn es ist gerade der Sinn der asymmetrischen Anordnung, Horizontal- und Vertikalspannungen zu erzeugen – ohne daß die Satzelemente isoliert wirken. Hier kommt es also auf kontrastreiche, aber dennoch harmonische Proportionen von Text und freien Räumen an:

Lorem ipsum sitdolor amet consectetuer adipiscing

Lorem ipsum dolor consectetuer adipiscing elit

Vero eros et accumsan et iusto odio dignissim qui blandit praesent lu|
tatum zzril delenit augue duis dolore te feugait nulla facilisi.Lorem ips
m dolor sit amet, consectetuer adipiscing elit, sed diam nonummy nibl
euismod tincidunt ut laoreet dolore magna aliquam erat volutpat.Ut wii
enim ad minim veniam, quis nostrud exerci tation ullamcorper suscip
lobortis nisl ut aliquip ex ea commodo consequat. Duis autem vel eun
iriure dolor in hendrerit in vulputate velit esse molestie consequat, vc
illum dolore eu feugiat nulla facilisis at vero eros et accumsan et iustoo
io dignissim qui blandit praesent luptatum zzril delenit augue duis dol
re te feugait nulla facilisi.Lorem ipsum dolor sit amet, consectetuer adij
scing elit, sed diam nonummy nibh euismod tincidunt ut laoreet dolor
magna aliquam erat volutpat. Ut wisi enim ad minim veniam, quis nos
rud exerci tation ullamcorper suscipit lobortis nisl ut aliquip ex ea coi
modo consequat. Duis autem vel eum iriure dolor in hendrerit in vulpt
ate velit esse molestie consequat, vel illum dolore eu feugiat nulla faci
sis at vero eros et accumsan et iusto odio dignissim qui blandit praesen
luptatum zzril delenit augue duis dolore te feugait nulla facilisi. Lorei
ip sum dolor sit amet, consectetuer adipiscing elit, sed diam nonummy
nibh euismod tincidunt ut la oreet dolore magna aliquam erat volutpa
Ut wisi enim ad minim veniam, quis nostrud exerci tation ullamcorpe
suscipit lobortis nisl ut aliquip ex ea commodo consequat. Autem ve
eum iriure dolor in hendrerit in vulputate velit esse molestie consequa
vel illum dolore eu feugiat nulla fac ilisis at vero eros et acc umsan et it
to odio dign issim qui blandit praesent lupta tum zzril delenit augue du

Ut wisi enim minim veniam, quis nost.

Lorem ipsum dolor sit amet Lorem ipsum

Lorem ipsum dolores sit amet, consectetuer adip iscing lixat sed diam nonummy nibh euis mod tincidunt ut laoreet dolo re magna aliquam erat volutp at. Ut wisi enim ad minaim veniam, quis nostrud exercita tion ullamcorper suscipit lob ortis nisl ut ali quip exea com modo consequat. Duis autem vel eum iriure dolor in hendre rit in vulputate velit esse mol estie consequat, vel illum dost lore eu feugiat nulla facilisis at vero eros et accumsan etius to odio dignissim qui blandit praesent luptatum zzril delenit augue duis dolore te felugait nulla facilisi. Lorem ips umd olor sit amet, con sectetuer adi piscing elit, sed diam no nummy nibh euismod.

Tincidunt ut laoreet dolore ma gna aliquam erat volut pat.Ut wisi enim ad minim adveniam, quis nostrud exercitation ulla mcorper suscipit lobortisnisile ut aliquip ex ea commodocon sequat. Duis autem voele eum iriure dolor in hendrerit invul putate velit esse molestie cone sequat.Tincidunt ut laoreet do lore ma gna aliqam erat volut.

At vero eros et acumsan etius.   *At vero eros et acumsan etius.*

Verwenden Sie Abbildungen, gilt das gleiche Prinzip: Die Anordnung der Bildteile muß kontrastreich sein, das Ganze aber wiederum harmonisch wirken. Hüten Sie sich deshalb auch hier vor symmetrischen Anordnungen im weitesten Sinne. Ein Bild in die obere linke Ecke des Satzspiegels plaziert und das zweite in die untere rechte Ecke gestellt, ist eine Aufteilung, die selten Spannung erzeugt. Die Wirkung ist zu „ausgewogen", also langweilig.

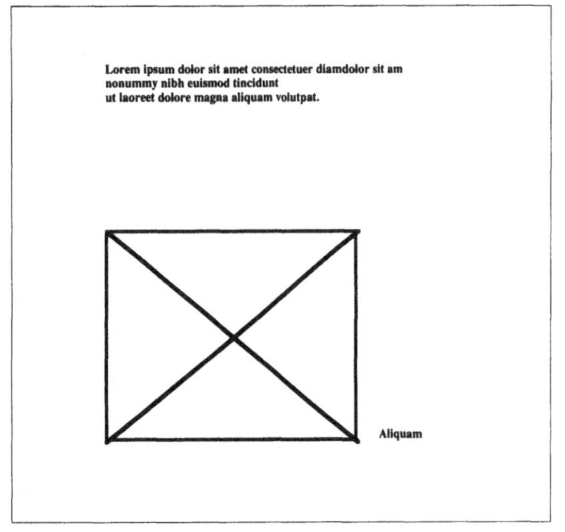

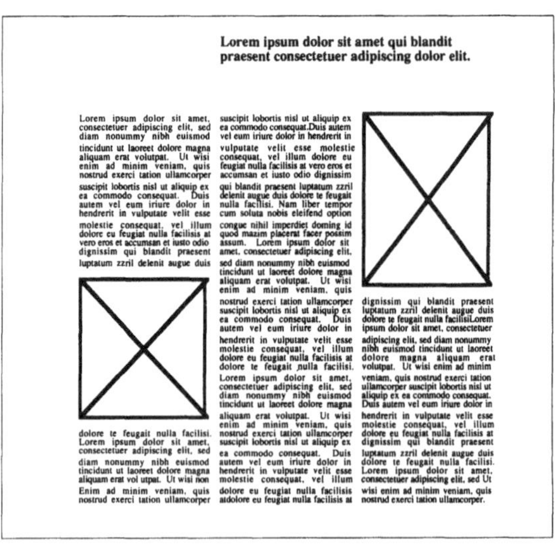

Sie erleichtern sich die asymmetrische Gestaltung, wenn Sie sich ein Layout-Gerüst erstellen. Ziehen Sie einfach senkrechte und waagerechte („stumme") Hilfslinien über Ihren
Satzspiegel (nicht über das Papierformat!), und orientieren Sie sich bei der Anordnung
von Satz und Bildern an diesen Linien. Zum Beispiel:

Damit sind Sie natürlich noch immer nicht der Mühe enthoben, sich über die genaue Stellung der Text- und Bildteile Gedanken zu machen. Aber Sie haben schon nützliche Bezugspunkte – ein Grundraster, das Ihnen bei der Aufteilung der Fläche weiterhilft. Insbesondere bei mehrseitigen Drucksachen erzielen Sie dadurch, daß Sie jeder Seite das gleiche Grundraster zugrunde legen, einen harmonischen Gesamteindruck. Ohne daß die Arbeit monoton wirkt, denn Sie haben innerhalb des gleichen Grundrasters vielfältige Gestaltungsmöglichkeiten. Wir wollen Ihnen das anhand der vorstehenden Layout-Gerüste demonstrieren. Sie sehen hier jeweils unterschiedliche Beispiele für ein und dasselbe Grundraster.

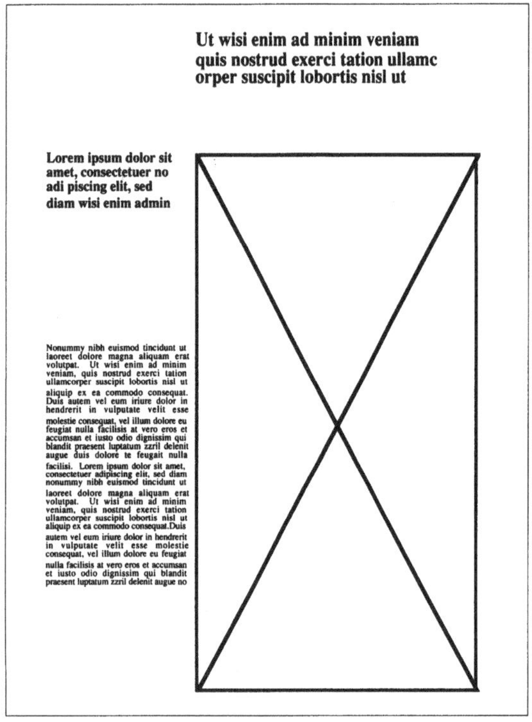

Stehen Ihnen im Layoutprogramm keine stummen Hilfslinien zur Verfügung, dann behelfen Sie sich mit feinen Linien, die natürlich nicht mit ausgedruckt werden dürfen.

Achten Sie bei der Anlage des Layout-Gerüstes darauf, daß durch die Hilfslinien gleiche oder aber deutlich unterscheidbare Proportionen gebildet werden. Bei der Satzanordnung dürfen Sie nur nicht in eine versteckte „Symmetrie-Falle" tappen. Bei einem Layoutraster von 4 x 4 quadratischen Feldern sind die mittleren Linien für Satzanfänge natürlich grundsätzlich tabu!

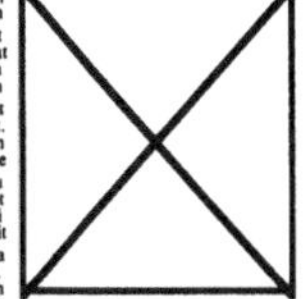

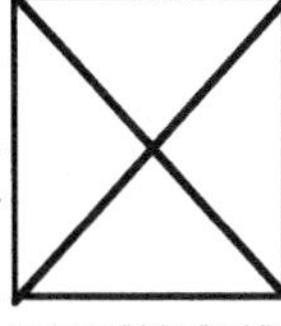

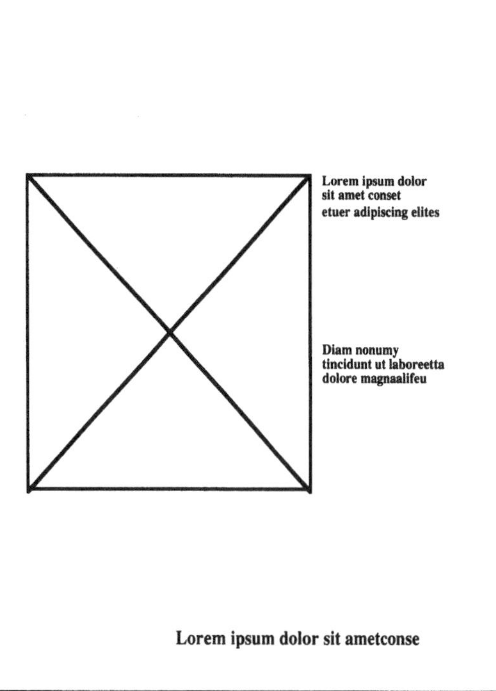

Lorem ipsum dolor sit amet consetetuer adipiscing elit sed diam nonummy nibh

quod mazim placerat facer possim assum. Lorem ipsum dolor sit amet, consectetuer adipiscing elit, sed diam nonummy nibh euismod tincidunt ut laoreet dolore magna aliquam erat volutpat. Ut wisi enim ad minim veniam, quis nostrud exerci tation ullamcorper suscipit lobortis nisl ut aliquip ex ea commodo consequat. Duis autem vel eum iriure dolor in hendrerit in vulputate velit esse molestie consequat, vel illum dolore eu feugiat nulla facilisis at vero eros et accumsan et iusto odio dignissim qui blandit praesent luptatum zzril delenit augue duis dolore te feugait nulla facilisi. Lorem ipsum dolor sit amet, consectetuer adipiscing elit, sed diam nonummy nibh euismod tincidunt ut laoreet dolore magna aliquam erat volutpat. Ut wisi enim ad minim veniam, quis nostrud exerci tation ullamcorper suscipit lobortis nisl ut aliquip ex ea commodo consequat. Duis autem vel eum iriure dolor in hendrerit in vulputate velit esse molestie consequat, vel illum dolore eu feugiat nulla facilisis at vero eros et accumsan et iusto odio dignissim qui blandit praesent luptatum zzril delenit augue duis dolore te feugait nulla facilisi. Lorem ipsum dolor sit amet, consectetuer adipiscing elit, sed diam nonummy nibh euismod tincidunt ut laoreet dolore magna aliquam erat volutpat. Ut wisi enim ad minim veniam, quis nostrud exerci tation ullamcorper suscipit lobortis nisl ut aliquip ex ea commodo consequat. Duis autem vel eum iriure dolor in hendrerit in vulputate velit esse molestie consequat, vel illum dolore eu feugiat nulla facilisi at vero eros et accumsan et iusto odio dignissim qui blandit praesent luptatum zzril delenit augue duis dolore te feugait nulla facilisi. Lorem ipsum dolor sit amet, consectetuer adipiscing elit, sed diam nonummy nibh euismod tincidunt ut laoreet dolore magna aliquam erat volutpat. Ut wisi enim ad minim veniam, quis nostrud exerci tation ullamcorper suscipit lobortis nisl ut aliquip ex ea commodo consequat. Duis autem vel eum iriure

Müssen Sie Bilder oder Zeichnungen mit fest vorgegebenen Maßen verarbeiten, sollten Sie sich bei der Anlage der Hilfslinien an der Größe der wichtigsten Abbildung orientieren. Verlängern Sie die Bildkante(n) in Form von stummen Linien über das Satzformat, und richten Sie das gesamte Layout-Gerüst danach aus. Sie sorgen so dafür, daß Abbildungen und Textteile harmonisch angeordnet sind. Bei allem ist zu berücksichtigen, daß genügend freie weiße Räume bleiben. Auch wenn Papier teuer ist, sollte es nur Buch- und Katalogseiten vorbehalten bleiben, die ganze Fläche des Satzspiegels mit Gedrucktem vollzupacken. Weiße Räume sind ein genauso wichtiges Gestaltungselement wie die Schrift oder das Bild.

Gestaltungsvarianten einer Drucksache

Jetzt wird es langsam mit dem Gestaltenlernen ernst. Sie kennen inzwischen die typografischen Regeln, die für erfreuliche Drucksachen die Voraussetzung sind. Aber Regeln allein reichen nicht aus, praktisches Üben ist unverzichtbar. Um Ihnen den Umgang mit den typografischen Elementen zu demonstrieren, haben wir eine Reihe von Beispielen zusammengestellt, die die ganze Bandbreite der Gestaltungsmöglichkeiten aufzeigen. Basis-text sind ein paar kluge Sätze des Typografens Jan Tschischold über zeitgemäßes Gestalten. Verfaßt im Jahre 1928 – doch noch heute von aktueller Bedeutung.

Da man aus den Fehlern anderer am besten lernt, zeigen wir Ihnen die Layout-Muster so, wie sie aus dem Computer gekommen sind. Mit allen DTP-typischen Schwachstellen. Anmerkungen erläutern Ihnen zu jedem Beispiel, worin die gravierendsten Mängel bestehen. In einem zweiten Arbeitsgang müßten nun diese gestalterischen Fehler ausgemerzt werden. Es liegt nun in der Natur der DTP-Sache, daß dafür sehr oft viel Geduld erforderlich ist. Man sollte sich dennoch mit dem ersten Laser-Ausdruck niemals zufrieden geben, sondern beharrlich versuchen, ein für DTP-Verhältnisse optimales Ergebnis zu erzielen. Ein fotosatzähnliches Endprodukt ist zwar nicht immer herstellbar, doch sind zumindest alle DTP-Möglichkeiten bei der gestalterischen Feinarbeit auszuschöpfen. Dies sollte jedenfalls – als DTP-Profi – Ihr persönlicher Anspruch sein.

Versuchen Sie deshalb, die folgenden Beispiele nachzuproduzieren und – entsprechend den kritischen Bemerkungen – auch nachzubessern (so, daß Jan Tschischold seine helle Freude an Ihren fertigen Drucksachen hätte).

Die technischen Kniffe, die Sie dazu kennen müssen, können wir Ihnen hier leider nicht verraten. Wir würden es gern tun, doch sind dazu die einzelnen DTP-Systeme und -Programme zu unterschiedlich. Uns bleibt nur ein Rat: Nerven Sie Ihren Händler solange, bis er Ihnen alle DTP-Möglichkeiten erläutert hat. Uns ist jedenfalls kein System bekannt, mit dem es nicht möglich sein sollte, die wichtigsten Elementarregeln guter Gestaltung zu realisieren.

Bewußt haben wir ein Textbeispiel gewählt, das für eine werbliche Umsetzung als Inserat, Prospektseite oder Flugblatt (Flyer) besonders geeignet ist. Weil es hierbei auf eine kreative, handwerklich solide Typografie besonders ankommt. Die Erfahrungen, die Sie beim Nachmachen und Nachbessern sammeln, helfen Ihnen dann auch bei der Gestaltung aller anderen Drucksachen-Arten.

Was sollten Sie nun tun? Erstens: nachmachen, zweitens: nachbessern, drittens: selbst üben. Nehmen Sie dazu die ersten beiden Absätze dieses Unterkapitels inklusive der Überschrift als Manuskriptvorlage, und übertragen Sie die Gestaltungsmuster in angemessener Form. „Kupfern" Sie, aber entscheiden Sie selbst, wo und wie Sie typografische Abweichungen vornehmen wollen. Probieren Sie solange, bis Sie mit dem Ergebnis zufrieden sind. Bleibt ein Rest an gestalterischer Unsicherheit, so zeigen Sie Ihre Ergebnisse einem Typografie-Experten oder Personen, in deren geschmackliches Empfinden Sie Vertrauen haben.

Wenn Sie sich unsere Gestaltungsbeispiele genau anschauen, erkennen Sie, wie allein durch Typografie die zu vermittelnde Botschaft gefärbt werden kann – modern, klassisch, vornehm, neutral, reklamehaft oder zurückhaltend.

Anmerkung:

Die Gestaltungsbeispiele mußten teilweise sehr stark verkleinert werden. Dadurch haben sich mitunter beim Zeilenfall und -abstand sowie bei der Laufweite der Schriften Verzerrungen ergeben. (Dies gilt übrigens auch für die verkleinerten Muster in Kapitel V.) Die Linienumrandungen kennzeichnen nur ungefähr die jeweiligen Papierformate.

Das Wesen der Neuen Typographie ist Klarheit!

Jan Tschischold über zeitgemäßes Gestalten - im Jahre 1928

Die Neue Typographie unterscheidet sich von den früheren dadurch, daß sie als erste versucht, die Erscheinungsform aus den Funktionen des Textes zu entwickeln.

Dem Inhalt des Gedruckten muß ein reiner und direkter Ausdruck verliehen werden. Seine „Form" muß, wie in den Werken der Technik und denen der Natur, aus seinen Funktionen heraus gestaltet werden.

Nur so gelangen wir zu einer Typographie, die dem geistigen Entwicklungsstadium des heutigen Menschen entspricht. Die Funktionen des Textes sind der Zweck der Mitteilung, Betonung (Wortwert) und der logische Ablauf des Inhalts. Jeder Teil eines Textes steht zu dem anderen in einem bestimmten, logischen Betonungs- und Wertverhältnis, das von vornherein gegeben ist. Es kommt für den Typographen darauf an, ihm einen eindeutigen sichtbaren Ausdruck zu geben: durch Größen- und Stärkenverhältnisse, Reihen folge, Farbe, Photographien usw.

Der Typograph muß in höchstem Maße bedacht sein, die Art, wie man seine Arbeit liest und lesen soll, zu studieren. Es ist zwar richtig, daß man manche Arbeiten wirklich von oben links nach unten rechts liest. Aber dieses Gesetz gilt nur ganz allgemein. Sicher ist, daß wir die meisten Drucksachen stufenweise lesen.

Aus: Jan Tschischold, Die Neue Typographie, Berlin

Konservative Lösung im Zeitschriftenartikel-Stil. Die Unterzeile klebt zu dicht an der Überschrift. Beim Grundtext stört der etwas breitlaufende Charakter der Schrift, der nicht so recht zur Überschrift paßt.

DAS WESEN DER

NEUEN TYPOGRAPHIE

IST KLARHEIT!

Die Neue Typographie unterscheidet sich von den früheren dadurch, daß sie als erste versucht, die Erscheinungsform aus den Funktionen des Textes zu entwickeln.

Dem Inhalt des Gedruckten muß ein reiner und direkter Ausdruck verliehen werden. Seine „Form" muß, wie in den Werken der Technik und denen der Natur, aus seinen Funktionen heraus gestaltet werden. Nur so gelangen wir zu einer Typographie, die dem geistigen Entwicklungsstadium des heutigen Menschen entspricht. Die Funktionen des Textes sind der Zweck der Mitteilung, Betonung (Wortwert) und der logische Ablauf des Inhalts.

Jeder Teil eines Textes steht zu dem anderen in einem bestimmten, logischen Betonungs- und Wertverhältnis, das von vornherein gegeben ist. Es kommt für den Typographen darauf an, ihm einen eindeutigen sichtbaren Ausdruck zu geben: durch Größen- und Stärkenverhältnisse, Reihenfolge, Farbe, Photographien usw. Der Typograph muß in höchstem Maße bedacht sein, die Art, wie man seine Arbeit liest und lesen soll, zu studieren. Es ist zwar richtig, daß man manche Arbeiten wirklich von oben links nach unten rechts liest. Aber dieses Gesetz gilt nur ganz allgemein. Sicher ist, daß wir die meisten Drucksachen stufenweise lesen: erst das Schlagwort (das keineswegs immer am Anfang stehen muß) und dann, falls wir die Drucksache überhaupt weiter lesen, nach und nach, je nach Wichtigkeit, die übrigen Gruppen. Man kann daher mit einer Gruppe auch an anderer Stelle als links oben beginnen. Wo, hängt ganz von der Art der Drucksache und dem Text selbst ab.

Aus: Jan Tschischold, Die Neue Typographie, Berlin 192 8

Ein Beispiel im Stil der modernen Typografie. Die Mischung von Flattersatz und Blocksatz bringt Unruhe in die Gestaltung, ohne die Spannung zu erhöhen. Die Abstände zwischen den Balken sind nicht identisch. Die linke Spalte enthält zu viele aufeinanderfolgende Trennungen.

Das Wesen der Neuen Typographie ist Klarheit!

Die Neue Typographie unterscheidet sich von den früheren dadurch, daß sie als erste versucht, die Erscheinungsform aus den Funktionen des Textes zu entwickeln.

Dem Inhalt des Gedruckten muß ein reiner und direkter Ausdruck verliehen werden. Seine „Form" muß, wie in den Werken der Technik und denen der Natur, aus seinen Funktionen heraus gestaltet werden. Nur so gelangen wir zu einer Typographie, die dem geistigen Entwicklungsstadium des heutigen Menschen entspricht. Die Funktionen des Textes sind der Zweck der Mitteilung, Betonung (Wortwert) und der logische Ablauf des Inhalts.

Jeder Teil eines Textes steht zu dem anderen in einem bestimmten, logischen Betonungs- und Wertverhältnis, das von vornherein gegeben ist. Es kommt für den Typographen darauf an, ihm einen eindeutigen sichtbaren Ausdruck zu geben: durch Größen- und Stärkenverhältnisse, Reihenfolge, Farbe, Photographien usw.

Aus: Jan Tschischold, Die Neue Typographie, Berlin 1928

Die Zeilenabstände in der Überschrift sind – optisch – unterschiedlich. Wenn Einzüge gewählt werden, dann müssen sie deutlich sein, also größer als hier. Unter der Überschrift sollte auch immer auf den Einzug verzichtet werden.

Das Wesen der Neuen Typographie

Die Neue Typographie unterscheidet sich von den früheren dadurch, daß sie als erste versucht, die Erscheinungsform aus den Funktionen des Textes zu entwickeln. Dem Inhalt des Gedruckten muß ein reiner und direkter Ausdruck verliehen werden. Seine „Form" muß, wie in den Werken der Technik und denen der Natur, aus seinen Funktionen heraus gestaltet werden. Nur so gelangen wir zu einer Typographie, die dem geistigen Entwicklungsstadium des heutigen Menschen entspricht. Die Funktionen des Textes sind der Zweck der Mitteilung, Betonung (Wortwert) und der logische Ablauf des Inhalts.

Jeder Teil eines Textes steht zu dem anderen in einem bestimmten, logischen Betonungs- und Wertverhältnis, das von vornherein gegeben ist. Es kommt für den Typographen darauf an, ihm einen eindeutigen sichtbaren Ausdruck zu geben: durch Größen- und Stärkenverhältnisse, Reihenfolge, Farbe, Photographien usw.

Der Typograph muß in höchstem Maße bedacht sein, die Art, wie man seine Arbeit liest und lesen soll, zu studieren. Es ist zwar richtig, daß man manche Arbeiten wirklich von oben links nach unten rechts liest. Aber dieses Gesetz gilt nur ganz allgemein. Sicher ist, daß wir die meisten Drucksachen stufenweise lesen: erst das Schlagwort (das keineswegs immer am Anfang stehen muß) und dann, falls wir die Drucksache überhaupt weiter lesen, nach und nach, je nach Wichtigkeit, die übrigen Gruppen. Man kann daher mit einer Gruppe auch an anderer Stelle als links oben beginnen. Wo, hängt ganz von der Art der Drucksache und dem Text selbst ab.

Aus: Jan Tschischold, Die Neue Typographie, Berlin 1928

Die Spaltenlinie ist zu fett und steht darüber hinaus optisch nicht auf Mitte. Etwas mehr Durchschuß würde der Lesbarkeit des Grundtextes guttun (eventuell kleineren Schriftgrad wählen).

Das Wesen der Neuen Typografie ist Klarheit!

Die Neue Typographie unterscheidet sich von den früheren dadurch, daß sie als erste versucht, die Erscheinungsform aus den Funktionen des Textes zu entwickeln. Dem Inhalt des Gedruckten muß ein reiner und direkter Ausdruck verliehen werden. Seine „Form" muß, wie in den Werken der Technik und denen der Natur, aus seinen Funktionen heraus gestaltet wer-den. Nur so gelangen wir zu einer Typographie, die dem geistigen Ent-wicklungsstadium des heutigen Menschen entspricht. Die Funktionen des Textes sind der Zweck der Mitteilung, Betonung (Wortwert) und der logische Ablauf des Inhalts. Jeder Teil eines Textes steht zu dem anderen in einem bestimmten, logischen Betonungs- und Wertverhältnis, das von vornherein gegeben ist. Es kommt für den Typographen darauf an, ihm einen eindeutigen sichtbaren Ausdruck zu geben: durch Größen- und Stärkenverhältnisse, Reihenfolge, Farbe, Photographien usw. Der Typograph muß in höchstem Maße bedacht sein, die Art, wie man seine Arbeit und lesen soll, zu studieren. Es ist zwar richtig, daß man manche Arbeiten wirklich von oben links nach unten rechts liest. Aber dieses Gesetz gilt nur ganz allgemein.

Sicher ist, daß wir die meisten Drucksachen stufenweise lesen: erst das Schlagwort (das keineswegs immer am Anfang stehen muß) und dann, falls wir die Drucksache überhaupt weiter lesen, nach und nach, je nach Wichtigkeit, die übrigen Gruppen. Man kann daher mit einer Gruppe auch an anderer Stelle als links oben beginnen. Wo, hängt ganz von der Art der Drucksache und dem Text selbst ab.

Aus: Jan Tschischold, Die Neue Typographie, Berlin 1928

Die beiden unteren Überschriftenzeilen kleben optisch zusammen, und die Wortzwischenräume sind etwas zu groß. Der durch eine kursiv-fette Schrift hervorgehobene Absatz wirkt wie ein Fremdkörper. Kursiv-normal hätte gereicht.

Das Wesen der Neuen Typographie ist Klarheit!

Die Neue Typographie unterscheidet sich von den früheren dadurch, daß sie als erste versucht, die Erscheinungsform aus den Funktionen des Textes zu entwickeln. Dem Inhalt des Gedruckten muß ein reiner und direkter Ausdruck verliehen werden. Seine „Form" muß, wie in den Werken der Technik und denen der Natur, aus seinen Funktionen heraus gestaltet werden. Nur so gelangen wir zu einer Typographie, die dem geistigen Entwicklungsstadium des heutigen Menschen entspricht. Die Funktionen des Textes sind der Zweck der Mitteilung, Betonung (Wortwert) und der logische Ablauf des Inhalts. Jeder Teil eines Textes steht zu dem anderen in einem bestimmten, logischen Wertverhältnis, das von vornherein gegeben ist.

Es kommt für den Typographen darauf an, ihm einen eindeutigen sichtbaren Ausdruck zu geben: durch Größen- und Stärkenverhältnisse, Reihenfolge, Farbe, Photographien usw.

Der Typograph muß in höchstem Maße bedacht sein, die Art, wie man seine Arbeit liest und lesen soll, zu studieren. Sicher ist, daß wir die meisten Drucksachen stufenweise lesen: erst das Schlagwort (das keineswegs immer am Anfang stehen muß) und dann, falls wir die Drucksache überhaupt weiter lesen, nach und nach, je nach Wichtigkeit, die übrigen Gruppen. Man kann daher mit einer Gruppe auch an anderer Stelle als links oben beginnen. Wo, hängt ganz von der Art der Drucksache und dem Text selbst ab.

Der Zeilenabstand in der Überschrift ist zu groß. Die Initialen sind zu unauffällig. Ein Einzug hätte zur Hervorhebung des Absatzes durchaus gereicht.

Die Neue Typographie

Die Neue Typographie unterscheidet sich von den früheren dadurch, daß sie als erste versucht, die Erscheinungsform aus den Funktionen des Textes zu entwickeln.

<u>Dem Inhalt des Gedruckten muß ein reiner und direkter Ausdruck verliehen werden.</u>

<u>Seine „Form" muß, wie in den Werken der Technik und denen der Natur, aus seinen Funktionen heraus gestaltet werden.</u>

Nur so gelangen wir zu einer Typographie, die dem geistigen Entwicklungsstadium des heutigen Menschen entspricht.

Durch linksbündigen Flattersatz (inklusive der Überschrift) könnte das Layout noch gerettet werden. Der Initialbuchstabe steht zu weit ab. Die Unterstreichungen kleben zu stark an der Schrift.

Das Wesen der
Neuen Typographie
ist Klarheit!

Die Neue Typographie unterscheidet sich von den früheren dadurch, daß sie als erste versucht, die Erscheinungsform aus den Funktionen des Textes zu entwikkeln. Dem **Inhalt des Gedruckten** muß ein reiner und direkter Ausdruck verliehen werden. Seine „Form" muß, wie in den Werken der Technik und denen der Natur, aus seinen Funktionen heraus gestaltet werden. Nur so gelangen wir zu einer Typographie, die dem geistigen **Entwicklungsstadium** des heutigen Menschen entspricht. Die Funktionen des Textes sind der Zweck der Mitteilung, Betonung (Wortwert) und der logische Ablauf des Inhalts. Jeder Teil eines Textes steht zu dem anderen in einem bestimmten, logischen Betonungs- und Wertverhältnis, das von vornherein gegeben ist. Es kommt für den Typographen darauf an, ihm einen eindeutigen sichtbaren **Ausdruck** zu geben: durch Größen- und Stärkenverhältnisse, Reihenfolge, Farbe, Photographien usw.

Die Überschrift könnte einen 2 Punkt größeren Zeilenabstand gut vertragen. Ein Absatz (Einzug ohne Leerzeile) in der Mitte des Textes hätte die Lesefreundlichkeit erhöht und die vier Trennungen untereinander verhindert.

Das Wesen der Neuen Typographie

Die Neue Typographie unterscheidet sich von den früheren dadurch, daß sie als erste versucht, die Erscheinungsform aus den Funktionen des Textes zu entwickeln. Dem Inhalt des Gedruckten muß ein reiner und direkter Ausdruck verliehen wer-den. Seine „Form" muß, wie in den Werken der Technik und denen der Natur, aus seinen Funktionen heraus gestaltet werden. Nur so gelangen wir zu einer Typographie, die dem geistigen Entwicklungsstadium des heutigen Menschen entspricht. Die Funktionen des Textes sind der Zweck der Mitteilung, Betonung (Wortwert) und der logische Ablauf des Inhalts. Jeder Teil eines Textes steht zu dem anderen in einem bestimmten, logischen Betonungs- und Wertverhältnis, das von vornherein gegeben ist. Es kommt für den Typographen darauf an, ihm einen eindeutigen Ausdruck zu geben.

Die Wortzwischenräume in der Überschrift sind zu groß. Bei diesen kleinen Korrekturen sollten Sie auch ausprobieren, ob die Überschrift etwas höher gerückt werden könnte (beispielsweise um drei Grundtext-Zeilen).

Das Wesen der Neuen Typographie ist Klarheit!

(Jan Tschischold über zeitgemäßes Gestalten - im Jahre 1928)

Die **Neue Typographie** *unterscheidet sich von den früheren dadurch, daß sie als erste versucht, die Erscheinungsform aus den* **Funktionen** *des Textes zu entwickeln. Dem Inhalt des* **Gedruckten** *muß ein reiner und direkter Ausdruck verliehen werden. Seine „Form" muß, wie in den* **Werken** *der Technik und denen der* **Natur**, *aus seinen Funktionen heraus gestaltet werden. Nur so gelangen wir zu einer Typographie, die dem* **geistigen** *Entwicklungsstadium des heutigen Menschen entspricht. Die Funktionen des Textes sind der* **Zweck** *der* **Mitteilung,** *Betonung (Wortwert) und der logische Ablauf des Inhalts.*

Über und unter der Unterüberschrift muß mehr Platz sein. Die Klammern sind unnötig.

Das Wesen der Neuen Typographie ist Klarheit

Die Neue Typographie unterscheidet sich von den früheren dadurch, daß sie als erste versucht, die Erscheinungsform aus den Funktionen des Textes zu entwickeln. Dem Inhalt des Gedruckten muß ein reiner und direkter Ausdruck verliehen werden. Seine „Form" muß, wie in den Werken der Technik und denen der Natur, aus seinen Funktionen heraus gestaltet werden. Nur so gelangen wir zu einer Typographie, die dem geistigen Entwicklungsstadium des heutigen Menschen entspricht. Die Funktionen des Textes sind der Zweck der Mitteilung, Betonung (Wortwert) und der logische Ablauf des Inhalts. Jeder Teil eines Textes steht zu dem anderen in einem bestimmten, logischen Betonungs- und Wertverhältnis, das von vornherein gegeben ist. Es kommt für den Typographen darauf an, ihm einen eindeutigen sichtbaren Ausdruck zu geben: durch Größen- und Stärkenverhältnisse, Reihenfolge, Farbe, Photographien usw.

Jan Tschischold

Die Überschrift sollte um eine Leerzeile hochgerückt werden. Der Autorenname hätte unter dem Textblock - in einer Zeile - einen besseren Platz.

Das Wesen der Neuen Typographie ist Klarheit! Jan Tschischold über zeitgemäßes Gestalten - im Jahre 1928

Die Neue Typographie unterscheidet sich von den früheren dadurch, daß sie als erste versucht, die Erscheinungsform aus den Funktionen des Textes zu entwickeln. Dem Inhalt des Gedruckten muß ein reiner und direkter Ausdruck verliehen werden. Seine „Form" muß, wie in den Werken der Technik und denen der Natur, aus seinen Funktionen heraus gestaltet werden. Nur so gelangen wir zu einer Typographie, die dem geistigen Entwicklungsstadium des heutigen Menschen entspricht. Die Funktionen des Textes sind der Zweck der Mitteilung, Betonung (Wortwert) und der logische Ablauf des Inhalts. Jeder Teil eines Textes steht zu dem anderen in einem bestimmten, logischen Betonungs- und Wertverhältnis, das von vornherein gegeben ist.

Jan Tschischold

Die Überschrift ist viel zu lang, um den großen Schriftgrad vertragen zu können. Sie steht auch zu weit vom Grundtext ab. Unschön ist die unruhige linke Zeilenkante, verursacht durch die Buchstaben J, T und den Gedankenstrich. Eine rechtsbündige Überschrift kombiniert mit Blocksatz würde vermutlich besser aussehen.

Die Neue Typographie unterscheidet sich von den früheren dadurch, daß sie als erste versucht, die Erscheinungsform aus den Funktionen des Textes zu entwickeln. Dem Inhalt des Gedruckten muß ein reiner und direkter Ausdruck verliehen werden ...

Die Grenzen des Blocksatzes werden hier deutlich; die Wortzwischenräume sind gerade noch akzeptabel. Die Stellung der Negativzeile und der erste Linienabstand müssen nachgebessert werden.

**Das Wesen der
Neuen Typographie ist Klarheit!**

GESTALTEN

Jan Tschischold

Die Versalien sind optisch nicht ausgeglichen; zwischen dem L und dem T klafft ein Loch. Die Linien sollten mit den Buchstabenkanten bündig sein. Die Wortzwischenräume sind etwas zu weit. Die Versalzeile befindet sich nicht genau in der Mitte der Linien.

**Die Neue Typographie
unterscheidet sich von
den früheren dadurch,
daß sie als erste versucht,
die Erscheinungsform
aus den Funktionen des
Textes zu entwickeln.**

Jan Tschischold über zeitgemäßes Gestalten
- im Jahre 1928

Wie in den beiden vorangegangenen Fällen ist auch hier die Gestaltung vom „typografischen Zeitgeist" geprägt. Balken und fette Linien sind heute beliebte Gestaltungselemente. Die Unterschriftzeilen wirken verloren. Eine fette, einzeilige Variante dürfte wirkungsvoller sein.

Das Wesen der
Neuen Typographie
ist Klarheit!

Jan Tschischold über zeitgemäßes Gestalten - im Jahre 1928

Eine etwas verspielt wirkende Schrift, die nur sehr sparsam verwendet werden sollte. Buchstaben-, Zeilen- und Wortabstände müßten in jedem Fall optisch korrigiert werden.

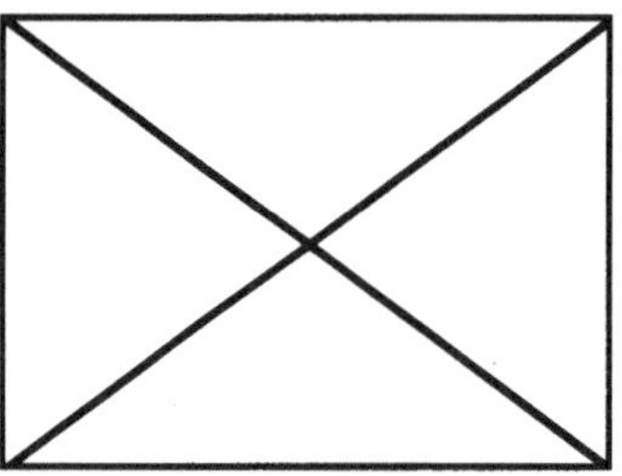

Zeitgemäßes Gestalten Die Neue Typographie unterscheidet sich von den früheren dadurch, daß sie als erste versucht, die Erscheinungsform aus den Funktionen des Textes zu entwickeln. Dem Inhalt des Gedruckten muß ein reiner und direkter Ausdruck verliehen werden. Seine „Form" muß, wie in den Werken der Technik und denen der Natur, aus seinen Funktionen heraus gestaltet werden. Nur so gelangen wir zu einer Typographie, die dem geistigen Entwicklungsstadium des heutigen Menschen entspricht. Die Funktionen des Textes sind der Zweck der Mitteilung, Betonung (Wortwert) und der logische

Die obere Zeile sollte inklusive der Rechtecke größer und gesperrter gesetzt sein. Die Fettsatz-Zeilen sind mißraten. Eine einzeilige Überschrift (auf Spaltenbreite) wäre sicherlich besser geeignet. Durch die Verkleinerung hat sich der Blocksatz verzerrt.

TYPOGRAPHIE

Die Neue Typographie unterscheidet sich von den früheren dadurch, daß sie als erste versucht, die Erscheinungsform aus den Funktionen des Textes zu entwickeln. Dem Inhalt des Gedruckten muß ein reiner und direkter Ausdruck verliehen werden. Seine „Form" muß, wie in den Werken der Technik und denen der Natur, aus seinen Funktionen heraus gestaltet werden. Nur so gelangen wir zu einer Typographie, die dem geistigen Entwicklungsstadium des heutigen Menschen entspricht. Die Funktionen des Textes sind der Zweck der Mitteilung, Betonung (Wortwert) und der logische Ablauf des Inhalts. Jeder Teil eines Textes steht zu dem anderen in einem bestimmten, logischen Betonungs- und Wertverhältnis, das von vornherein gegeben ist. Es kommt für den Typographen darauf an, ihm einen eindeutigen sichtbaren Ausdruck zu geben: durch Größen- und Stärkenverhältnisse, Reihenfolge, Farbe, Photographien usw. Der Typograph muß in höchstem Maße bedacht sein, die Art, wie man seine Arbeit liest und lesen soll, zu studieren.

Die Überschrift müßte etwas nach links verschoben werden, damit das T mit der Satzkante optisch Linie hält. Die Versalzeile ist nicht ausgeglichen.

<u>Das Wesen der</u> <u>Neuen Typographie</u>	Die Neue Typographie unterscheidet sich von den früheren dadurch daß sie als erste versucht, die Erscheinungsform aus den Funktionen des Textes zu entwickeln. Dem Inhalt des Gedruckten muß ein reiner und direkter Ausdruck verliehen werden. Seine „Form" muß, wie in den Werken der Technik und denen der Natur, aus seinen Funktionen heraus gestaltet werden.
<u>Über zeitgemäßes</u> <u>Gestalten</u>	Jeder Teil eines Textes steht zu dem anderen in einem bestimmten, logischen Betonungs- und Wertverhältnis, das von vornherein gegeben ist. Es kommt für den Typographen darauf an, ihm einen eindeutigen sichtbaren Ausdruck zu geben: durch Größen- und Stärkenverhältnisse, Reihenfolge, Farbe, Photographien usw.

Unterstreichungen, die die Buchstabenunterlängen durchschneiden, sind zu vermeiden. Überschrift und Grundtext sollten auch im oberen Teil des Beispiels auf Schriftlinie gebracht werden. (Die Linienstärken haben sich durch die Verkleinerung etwas verzerrt.)

Die Neue Typographie unterscheidet sich von den früheren dadurch, daß sie als erste versucht, die Erscheinungsform aus den Funktionen des Textes zu entwickeln. Dem Inhalt des Gedruckten muß ein reiner und direkter Ausdruck verliehen werden. Seine „Form" muß, wie in den Werken der Technik und denen der Natur, aus seinen Funktionen heraus gestaltet werden. Nur so gelangen wir zu einer Typographie, die dem geistigen Entwicklungsstadium des heutigen Menschen entspricht. Die Funktionen des Textes sind der Zweck der Mitteilung, Betonung (Wortwert) und der logische Ablauf des Inhalts.

Jeder Teil eines Textes steht zu dem anderen in einem bestimmten, logischen Betonungs- und Wertverhältnis, das von vornherein gegeben ist. Es kommt für den Typographen darauf an, ihm einen eindeutigen sichtbaren Ausdruck zu geben: durch Größen- und Stärkenverhältnisse, Reihenfolge, Farbe, Photographien usw.

Jan Tschischold
Die Neue Typographie

Die Bildoberkante ist auf Schriftlinie zu bringen, also etwas nach unten zu rücken. Zwischen der Initiale und dem Text ist zuviel Raum. Die Bildunterschrift hat zu breite Wortzwischenräume. Auch würde sie links neben dem Bild vermutlich besser aussehen.

Das Wesen der Neuen Typographie ist Klarheit!

Die Neue Typographie unterscheidet sich von den früheren dadurch, daß sie als erste versucht, die Erscheinungsform aus den Funktionen des Textes zu entwickeln. Dem Inhalt des Gedruckten muß ein reiner und direkter Ausdruck verliehen werden. Seine „Form" muß, wie in den Werken der Technik und denen der Natur, aus seinen Funktionen heraus gestaltet werden. Nur so gelangen wir zu einer Typographie, die dem geistigen Entwicklungsstadium des heutigen Menschen entspricht. Die Funktionen des Textes sind der Zweck der Mitteilung, Betonung (Wortwert) und der logische Ablauf des Inhalts.

Jeder Teil eines Textes steht zu dem anderen in einem bestimmten, logischen Betonungs- und Wertverhältnis, das von vornherein gegeben ist. Es kommt für den Typographen darauf an, ihm einen eindeutigen sichtbaren Ausdruck zu geben: durch Größen- und Stärkenverhältnisse, Reihenfolge, Farbe, Photographien usw.

Der Typograph muß in höchstem Maße bedacht sein, die Art, wie man seine Arbeit liest und lesen soll, zu studieren. Es ist zwar richtig, daß man manche Arbeiten wirklich von oben links nach unten rechts liest. Aber dieses Gesetz gilt nur ganz allgemein. Sicher ist, daß wir die meisten Drucksachen stufenweise lesen: erst das Schlagwort (das keineswegs immer am Anfang stehen muß) und dann, falls wir die Drucksache überhaupt weiter lesen, nach und nach, je nach Wichtigkeit, die übrigen Gruppen. Man kann daher mit einer Gruppe auch an anderer Stelle als links oben beginnen. Wo, hängt ganz von der Art der Drucksache und dem Text selbst ab.

Aus: Jan Tschischold, Die Neue Typographie, Berlin 1928

Die Einzüge sind zu schmal. Die Überschriftenanordnung bedarf noch etwas Feinarbeit (Buchstaben- und Zeilenabstand).

Die Neue Typographie unterscheidet sich von den früheren dadurch, daß
sie als erste versucht, die Erscheinungsform aus den Funktionen des
Textes zu entwickeln. Dem Inhalt des Gedruckten muß ein reiner und direkter Ausdruck verliehen werden. Seine „Form" muß, wie in den Werken
der Technik und denen der Natur, aus seinen Funktionen heraus gestaltet werden. Nur so gelangen wir zu einer Typographie, die dem geistigen
Entwicklungsstadium des heutigen Menschen entspricht. Die Funktionen
des Textes sind der Zweck der Mitteilung, Betonung (Wortwert) und der logische Ablauf des Inhalts.

Die Neue Typographie

Jeder Teil eines Textes steht zu dem anderen in einem bestimmten, logischen Betonungs- und Wertverhältnis, das von vornherein gegeben ist. Es
kommt für den Typographen darauf an, ihm einen eindeutigen sichtbaren
Ausdruck zu geben: durch Größen- und Stärkenverhältnisse, Reihenfolge, Farbe, Photographien usw.

Jan Tschischold

Der Typograph muß in höchstem Maße bedacht sein, die Art, wie man
seine Arbeit liest und lesen soll, zu studieren. Es ist zwar richtig, daß
man manche Arbeiten wirklich von oben links nach unten rechts liest.
Aber dieses Gesetz gilt nur ganz allgemein. Sicher ist, daß wir die meisten Drucksachen stufenweise lesen: erst das Schlagwort (das keineswegs
immer am Anfang stehen muß) und dann, falls wir die Drucksache überhaupt weiter lesen, nach und nach, je nach Wichtigkeit, die übrigen
Gruppen. Man kann daher mit einer Gruppe auch an anderer Stelle als
links oben beginnen. Wo, hängt ganz von der Art der Drucksache und
dem Text selbst ab.

*Die langen Zeilen erschweren die Lesbarkeit, insbesondere bei den geringen Zeilenab-
ständen. Das Ganze wirkt wie eine graue Fläche.*

DAS WESEN DER NEUEN TYPOGRAPHIE IST KLARHEIT!

Die Neue Typographie unterscheidet sich von den früheren dadurch, daß sie als erste versucht, die Erscheinungsform aus den Funktionen des Textes zu entwickeln. Dem Inhalt des Gedruckten muß ein reiner und direkter Ausdruck verliehen werden. Seine „Form" muß, wie in den Werken der Technik und denen der Natur, aus seinen Funktionen heraus gestaltet werden. Nur so gelangen wir zu einer Typographie, die dem geistigen Entwicklungsstadium des heutigen Menschen entspricht. Die Funktionen des Textes sind der Zweck der Mitteilung, Betonung (Wortwert) und der logische Ablauf des Inhalts.

Jeder Teil eines Textes steht zu dem anderen in einem bestimmten, logischen Betonungs- und Wertverhältnis, das von vornherein gegeben ist. Es kommt für den Typographen darauf an, ihm einen eindeutigen sichtbaren Ausdruck zu geben: durch Größen- und Stärkenverhältnisse, Reihenfolge, Farbe, Photographien usw.

Der Typograph muß in höchstem Maße bedacht sein, die Art, wie man seine Arbeit liest und lesen soll, zu studieren. Es ist zwar richtig, daß man manche Arbeiten wirklich von oben links nach unten rechts liest. Aber dieses Gesetz gilt nur ganz allgemein. Sicher ist, daß wir die meisten Drucksachen stufenweise lesen: erst das Schlagwort (das keineswegs immer am Anfang stehen muß) und dann, falls wir die Drucksache überhaupt weiter lesen, nach und nach, je nach Wichtigkeit, die übrigen Gruppen. Man kann daher mit einer Gruppe auch an anderer Stelle als links oben beginnen. Wo, hängt ganz von der Art der Drucksache und dem Text selbst ab.

Aus: Jan Tschischold, Die Neue Typographie, Berlin 1928

Ein besserer Gesamteindruck würde sich durch einen kleineren Schriftgrad mit größeren Zeilenabständen ergeben. Der erste Einzug ist überflüssig. Die mittleren Linien stören den Lesefluß.

Das Wesen der
Neuen Typographie ist Klarheit!

Jeder Teil eines Textes steht zu dem anderen in einem bestimmten, logischen Betonungs- und Wertverhältnis, das von vornherein gegeben ist. Es kommt für den Typographen darauf an, ihm einen eindeutigen sichtbaren Ausdruck zu geben: durch Größen- und Stärkenverhältnisse, Reihenfolge, Farbe, Photographien usw.

Klassische, vornehm wirkende Anordnung, an der höchstens die Trennung in der vorletzten Zeile zu bemängeln wäre.

Was heißt Corporate Design?

Modebewußte Menschen achten darauf, daß Garderobe und Accessoires zu ihnen passen und ihre persönliche Note unterstreichen. Alles ist aufeinander abgestimmt. Kleider machen eben Leute.

Genauso halten es modern denkende Firmen. Sie versuchen, sich intern und ihren Kunden gegenüber in einem einheitlichen Erscheinungsbild zu präsentieren, das dem Geist und Stil des Unternehmens entspricht. Denken Sie an Namen wie Braun, Siemens oder VW und daran, wie diese Unternehmen visuell auftreten. Werbeanzeigen, Prospekte, Firmenschilder, Rechnungsformulare – alles ist aus einem gestalterischen Guß. Nichts anderes bedeutet Corporate Design (CD).

Davon können auch kleine Betriebe, Institute oder Beratungsbüros lernen. Voraussetzung ist ein Gestaltungshandbuch, in dem die Verwendung bestimmter typografischer Elemente für alle Druckerzeugnisse detailliert festgelegt ist: Dazu zählen in erster Linie

- Hausschriften und bestimmte Schriftzüge
- Hausfarben
- Bild- und Wortzeichen, Signets
- Formate
- typografische Ordnungen
- Gestaltungsnormen für Formulare.

Gibt es in Ihrem Büro schon ein derartiges Manual, so ist es klar, daß Sie die darin enthaltenen Vorschriften beim Gestalten konsequent einhalten müssen. Auch bei vermeintlich unwichtigen Drucksachen.

Sollte Ihre Firma über kein CD-Handbuch verfügen, so machen Sie sich die Mühe, und erstellen Sie es. Am besten in Zusammenarbeit mit einem Design- oder Grafikstudio. Auch für Freiberufler oder Mini-Büros ist es empfehlenswert, ein Gestaltungs-Manual zu erarbeiten, um eine individuelle Note nach außen hin verdeutlichen zu können.

Gut gestaltete Drucksachen in einem einheitlichen, firmenspezifischen Stil werten die gesamte Firma in den Augen der Kunden auf und verbessern die Marktstellung. Es lohnt sich also, hier Zeit zu investieren. Wer Qualitätsarbeit anbietet, sollte das auch in seinen Drucksachen zum Ausdruck bringen.

Entwurfstechnik. Gestalten mit dem Computer

Wenn Sie eine Layout-Skizze machen, vergessen Sie erst einmal den Computer. Nehmen Sie sich das Manuskript vor, klären Sie die Fragen zum Gesamteindruck, zum Satzspiegel, zur Schriftwahl und zur Flächenaufteilung, und beginnen Sie mit einer Schmierskizze. Erstellen Sie mit wenigen Bleistiftstrichen einen einfachen Aufriß auf dem Original-Papierformat. Legen Sie die Überschriften durch eine flüchtige Blockschrift fest, und markieren Sie die Textblöcke durch Flächen, die Abbildungen durch Konturen. Dabei kommt es nur in etwa auf Formate, Proportionen und Größenverhältnisse an. Probieren Sie aber schon in dieser Phase aus, durch welche Layout-Hilfslinien Sie Ordnung in die Gestaltung bringen können.

Denken Sie sich mehrere Alternativen aus, und bringen Sie diese zu Papier. Arbeiten Sie ohne Lineal; gestalten Sie einfach nach Ihrem optischen Empfinden. Haben Sie fünf, sechs unterschiedliche Entwurfsskizzen, von denen Ihnen eine am besten gefällt, setzen Sie sich an den Computer und fangen an.

Normalerweise beginnen Sie mit dem Textverarbeitungsprogramm. Sie tippen den gesamten Text ein und korrigieren anhand des Laserausdrucks die Fehler. Steht der Text, gehen Sie ins Layoutprogramm, zum Beispiel in den „PageMaker". Nachdem Sie das Layout-Gerüst durch die Begrenzungslinien eingegeben, die Seite also formatiert haben, können Sie den Text ins Layoutprogramm übertragen. Sie prüfen zunächst, ob die Überschriften und Textblöcke entsprechend Ihrem Layout-Grundriß überhaupt Platz haben. Wenn nicht, variieren Sie Schriftarten und -grade, Zeilenabstände und Spaltenbreiten solange, bis Sie sie in Einklang gebracht haben. Dann gehen Sie an die Detailarbeit. Nutzen Sie den Vorteil des DTP-Gestaltens, Grad-, Schnitt- und Plazierungs-Modifizierungen schnell und einfach am Bildschirm ausprobieren zu können. Im konventionellen Bleisatz ist das alles viel schwieriger. Hierbei muß die Satzvorlage stimmen, Änderungen kosten Zeit und Geld.

Manchmal muß man mit der Entwurfsarbeit beginnen, ohne daß ein fertiges Manuskript vorliegt. Sie können sich dann mit einem neutralen Text behelfen. Im Kapitel III haben Sie ja schon derartigen Blindtext kennengelernt. Geben Sie irgendeinen Text hintereinander in Ihr Textverarbeitungsprogramm ein. Im allgemeinen bedient man sich bei Blindtexten lateinischer Vorlagen, die Sie Schul- oder Lehrbüchern entnehmen können. Lateinischer Blindtext hat gegenüber deutschen Texten den Vorteil, daß er das Auge auf die typografische Wirkung und nicht auf den Sinngehalt der Wörter lenkt. Es sei denn, Sie sind alter Lateiner ... (Eine DIN-A 4-Seite in einer 12-Punkt-Schrift reicht völlig aus. Auf Tippfehler kommt es dabei nicht an.)

Mit diesem Spielmaterial können Sie in Ihrem Layoutprogramm ans Gestalten gehen – so, wie wir es gerade erläutert haben. Natürlich müssen Sie dazu die voraussichtliche Textmenge und -gliederung in etwa kennen.

Versuchen Sie, Ihre Vorstellungen vom Gesamteindruck zu realisieren. Wenn dies aus Platzgründen nicht klappt, auch nicht durch Schriftgrad-Änderungen, beginnen Sie mit der Umsetzung Ihrer zweiten oder dritten Layout-Alternative. Mit DTP ist das ja glücklicherweise unproblematisch.

Haben Sie eine Form gefunden, die Ihnen gefällt, testen Sie den optischen Eindruck verschiedener Schriftarten und -mischungen. Verbessern Sie die Typografie Schritt für Schritt, bis Sie ein optimales Ergebnis erzielt haben.

Überprüfen Sie dann anhand der Checklisten des letzten Abschnittes dieses Kapitels, ob die gestalterischen Grundregeln eingehalten sind. Entscheidend ist und bleibt aber der Gesamteindruck und nicht die strenge Einhaltung der postulierten Grundsätze.

Wenn Sie selbst, als mittlerweile typografisch geschulter DTP-Nutzer, mit dem Ergebnis zufrieden sind, können Sie mit den Bemühungen aufhören. Über Geschmack läßt sich bekanntlich streiten, und allen Menschen kann man es nun mal nicht recht machen.

Manchmal unverzichtbar: Schere, Lineal, Stifte

Mitunter ist es wie verhext. Sie möchten ein einzelnes Wort oder eine Überschrift in Ihrem Text schräg plazieren. Nicht „irgendwie", sondern an einer ganz bestimmten Stelle und in einem ganz bestimmten Winkel. Aber es will und will nicht klappen.

Oder Sie wollen eine Überschrift unterstreichen. Auf dem Monitor sieht alles bestens aus – auf dem Laserausdruck sitzt die Linie dagegen genau an den Buchstaben-Unterlängen. (Auf das WYSIWYG-Prizip – „What you see is what you get" – ist leider nicht immer Verlaß.) Ähnliches kann mit Linien in Tabellen passieren; auf dem Papier sind sie ganz woanders als auf dem Bildschirm. Sie versuchen, die Linie zu korrigieren – und plötzlich verschieben sich ganze Satzblöcke.

Ein anderes Beispiel. Sie haben vor, drei sich überlappende gerasterte Kreise zu zeichnen. Alle Kreiskonturen sollen sichtbar sein. Sie sollen – sind es aber nicht.

Vermutlich hat jedes DTP-System so seine kleinen hinterhältigen Eigenheiten, die einen schier zur Verzweiflung bringen können. (Wutausbrüche am Computer sollen übrigens nichts Seltenes sein; nehmen Sie's gelassen.) Was tun? Stundenlanges Fummeln und Probieren kann natürlich – manchmal – weiterhelfen. Doch wenn die Zeit dafür nicht ausreicht, gibt es dennoch einen Ausweg. Gebrauchen Sie eine Papierschere, kopiergeeignetes durchsichtiges Klebeband (z.B. tesa film plus), ein Lineal und schwarze Tintenzeichner in verschiedenen Stärken. Per Hand geht es mitunter wirklich einfacher, Linien zu ziehen, Texte schräg zu stellen oder Konturen zu ergänzen.

Ihren Laserdrucker können Sie dann allerdings nicht mehr für die Vervielfältigung einsetzen. Guten Normalkopien sieht man aber nicht mehr an, daß Sie mit kleinen Tricks gearbeitet haben. Wenn Sie sorgfältig vorgegangen sind!

Genauso verfahren Sie mit Abbildungen, wenn Ihnen kein Scanner für die computerisierte Vorlagenverarbeitung zur Verfügung steht. Sie kleben die Originale in Ihre Reinzeichnung ein. Fotos sind dabei wegen der Schattierungen (Halbtöne) oder eventueller Rasterpunkte nicht so ohne weiteres zu reproduzieren. Hier müssen Sie einen Drucker um Rat fragen. Im Kapitel VI geben wir Ihnen die entsprechenden Hinweise.

Kreise, Vierecke, Pfeilspitzen und andere Sonderzeichen sind häufig im DTP-Programm nicht in der Ausführung vorhanden, die Sie sich vorstellen. Wenn es noch grafisch vertretbar ist, können Sie diese Zeichen in Ihren Laserausdruck einzeichnen oder einkleben. Zumindest das Ziehen von Linien dürfte keine Schwierigkeiten bereiten. DTP-Profis werden natürlich immer versuchen, den Computer in solchen Fällen mit seinen eigenen Waffen zu überlisten. Und meistens funktioniert es ja auch.

So sollten Sie beim Gestalten vorgehen

Alles Wichtige ist bereits gesagt. Rufen Sie sich jetzt unsere Empfehlungen und Hauptregeln noch einmal in Erinnerung. Wir wollen Ihnen diese Arbeit durch die Zusammenfassung der wesentlichen Punkte und Aspekte in Form von Checklisten etwas erleichtern. Sie sollten die Prüffragen natürlich auch für die Planung, Durchführung und Kontrolle jeder Gestaltungsaufgabe nutzen und nach und nach individuell ergänzen oder abändern.

Checkliste Arbeitsvorbereitung

Ist das Manuskript einwandfrei, oder sind noch Rückfragen erforderlich?

Besteht Klarheit über die Art sowie die zu erzielende Anmutung und Wirkung der Drucksache?

Welche Vorgaben gibt es zur inhaltlichen Textgliederung (was ist wichtig, und was ist weniger wichtig)?

Sind das Papierformat und die Seitenzahl vorgeschrieben?

Welche Abbildungen sollen/können verwendet werden?

Sind die Abbildungen oder Zeichen vorhanden (in reproduktionsfähiger Qualität)?

Müssen Corporate-Design-Vorschriften beachtet werden (Hausschriften, Farbe, Signetanordnung, Gestaltungsnormen usw.)?

Kommt die Verwendung mehrerer Druckfarben in Frage?

Ist mit einem normalen Leseabstand und einer normalen Lesesituation zu rechnen?

Sind im Hinblick auf den Empfänger- und Leserkreis gestalterische Besonderheiten zu berücksichtigen?

Sind Papierart und -farbe, Druckverfahren und -auflage sowie die buchbinderische Weiterverarbeitung (Falzen, Klammern, Binden usw.) festgelegt, und ergeben sich daraus typografische Konsequenzen?

Ist die Terminsituation geklärt?

Ist ein Kostenrahmen für die Produktion (Lithos, Druck und Weiterverarbeitung) vorgegeben?

Checkliste Entwurfsarbeit

Haben Sie sich mit der Gestaltungsaufgabe gedanklich intensiv auseinandergesetzt?

Haben Sie eine Vielzahl typografischer Grundideen grob skizziert?

Haben Sie sich entschieden, ob Sie den Satz symmetrisch oder asymmetrisch anordnen wollen?

Lassen sich aus den Skizzen Layoutgerüste und Satzspiegel-Varianten ableiten, die Ordnung in die Gestaltung bringen?

Ist der - korrigierte - Rohtext im Computer gespeichert, und haben Sie die Seitenformatierung eingegeben?

Lassen sich die Satzteile – Überschriften, Textblöcke, Abbildungen (erstmal nur als Rasterfläche) – so plazieren, daß Ihre Layoutvorstellungen verwirklicht werden können?

Haben Sie verschiedene Schriftarten ausprobiert und sich schließlich für eine bestimmte Grundschrift entschieden?

Haben Sie überprüft, ob die Verwendung verschiedener Schriftarten für Überschriften und Grundttext notwendig ist bzw. harmonisch wirkt?

Haben Sie Schriftgrade der verschiedenen Textteile nach den Gesichtspunkten „Lexikongröße" (6 bis 8 Punkt), „Lesegröße" (8 bis 14 Punkt) und „Schaugröße" (16 Punkt und mehr) gewählt?

Sind Schriftgradunterschiede zwischen Überschriften und Grundtext kontrastreich, ohne die Harmonie zu zerstören?

Bleibt noch genügend weißer Raum, so daß Lesbarkeit und Übersichtlichkeit gewährleistet sind?

Checkliste Gestaltungsarbeit

Haben Sie unterschiedliche Hervorhebungsmöglichkeiten für die Überschriften und für Grundtextteile ausprobiert – Versalien, Kapitälchen, Sperrungen, Kursivsatz, Fettsatz, Unterstreichungen usw.?

Ist der Gesamteindruck trotz der Auszeichnungen und Hervorhebungen harmonisch und nicht zu unruhig?

Unterstützt die Spalteneinteilung und -gliederung des Grundtextes die Lesefreundlichkeit?

Kann die Lesefreundlichkeit durch die Kennzeichnung von Absätzen in Form von Leerzeilen, Einzügen und/oder Initialen verstärkt werden?

Stehen Schriftgrade, Zeilenlängen und Zeilenabstände in einem ausgewogenen Verhältnis zueinander?

Sind die Abbildungen so plaziert, daß sie sich harmonisch ins Layout einfügen?

Macht die Drucksache trotz der noch ausstehenden typografischen Feinarbeit einen spannungsvollen (aber dennoch harmonischen), übersichtlichen und lesefreundlichen Eindruck?

Sind Sie selbst mit Ihrem Arbeitsergebnis im großen und ganzen zufrieden, und entspricht die Gesamtwirkung den im Briefing festgelegten Richtlinien?

Checkliste Feinarbeit

Prüfpunkte für die Überschriften:

- rhythmischer Zeilenfall
- logische Zeilengliederung
- Buchstabenabstände/Versalausgleich
- Wortzwischenräume
- optische Unterschneidungen (Va, AE usw.)
- seitliche Herausstellung von Anfangsbuchstaben wie A, V, J
- optische Korrektur des Zeilenabstandes (wegen der Ober- und Unterlängen)

Prüfpunkte für den Spaltensatz:

- Spaltenbreiten
- Eignung von Blocksatz
- Wortzwischenräume
- Trennungen
- Zeilenfall beim Flattersatz
- Spaltenabstand
- Spalten-Trennlinien
- Kennzeichnung von Absätzen
- Leerzeilen
- Einzüge
- Initialen
- Hurenkinder/Schusterjungen
- Halten die Spaltenzeilen „Linie"?

Prüfpunkte für Linien, Flächen, Bilder:

- trennende Linie
- verbindende Linie
- schmückende Linie
- unnötige Linie
- Negativflächen
- Wirkung von Rasterflächen
- Harmonische Anordnung von Abbildungen
- Stellenwert der Abbildungen (Größe und Plazierung)
- Bildunterschriften

Prüfpunkte zur Gesamtwirkung nach der Feinarbeit:

- Schriftart
- Schriftmischung
- Schriftgrad-Kontraste
- Hervorhebungen
- Proportionen des Layouts
- Spannung und Harmonie
- Übersichtlichkeit
- Lesbarkeit
- Zweckmäßigkeit
- Anmutung
- Corporate Design

V. Was fällt im Büro an Drucksachen an?

Das Wichtigste sollte man immer zuerst machen: nämlich einen Projektzettel mit allen technischen Angaben. Es ist aus Erfahrung ratsam, hinter den Projektzettel eine Kopie der betreffenden Seite anzuheften. Das hilft unter anderem auch, das Auge an die unterschiedlichen Schriftgrößen zu gewöhnen. Das Ausfüllen dieses Arbeitszettels ist anfangs sehr mühevoll, aber Sie werden später froh sein, wenn Sie auf alte Layoutgestaltungen zurückgreifen können. Denn das Suchen nach einer bestimmten Seite in den diversen PC-Ordnern und -Dokumenten bringt nur den erhofften schnellen Erfolg, wenn man seit Stunde Null alles peinlich genau zugeordnet und abgelegt hat.

Titel:

Gespeichert unter:			

Papierformat: **Ränder:** links: rechts: oben: unten:

Spaltenanzahl: **Spaltenabstand:**

Nullpunkt: am Papierrand/am Textblockrand

Tabulatoren (links, rechts, dezimal, zentriert):
1.:   2.:   3.:   4.:   5.:   6.:

Absatzeinzüge:

	Schriftart:	Schriftgröße:	Schriftschnitt:	Zeilenabstand:
Titelseite:				
Hauptüberschriften:				
Zwischenüberschriften:				
Fließtext:				
Bildunterschriften:				

**Außerordentliche
Betriebsversammlung**

**Montag, 25. Juli 1988
um 10.00 Uhr
in der Kantine**

**Außerordentliche
Betriebsversammlung**

**Montag, 25. Juli 1988
um 10.00 Uhr
in der Kantine**

**Außerordentliche
Betriebsversammlung**

**Montag, 25. Juli 1988
um 10.00 Uhr
in der Kantine**

**Außerordentliche
Betriebsversammlung**

**Montag, 25. Juli 1988
um 10.00 Uhr
in der Kantine**

Der Handzettel im Format DIN A 6 wurde zweckmäßigerweise in vier Nutzen auf eine DIN-A 4-Seite gesetzt (inclusive Schneidemarken). Für den Druck ist farbiges Papier vorgesehen.

NewTec
Marketing & Consulting

NewTec GmbH • Bettinastraße 16 • 1000 Berlin 33

Telefon (030) 825 10 77/78
Telefax (030) 826 61 68
Teletex 30 85 81

31. Jan. 1988

"Exporttagung 1988"
Exportchancen prüfen und nutzen!

Sehr geehrte Damen, sehr geehrte Herren,

wußten Sie, daß exportierende Unternehmen meist höhere Wachs-
tumsraten erreichen als nur inlandsbezogene? Gerade für mit-
telständische Unternehmen schlummern im Exportgeschäft einige
wichtige Umsatzreserven, die noch viel zu oft ungenutzt bleiben.

Wir wollen deshalb mit unserer "Exporttagung 1988" konkrete
Wege aufzeigen, wie Sie ins Exportgeschäft einsteigen oder im
Export mehr Erfolg haben können: Sie erfahren auf der Tagung
alles Wesentliche über innerbetriebliche Exportvoraussetzungen,
Finanzierungshilfen, Exportfehler (und wie man sie vermeidet),
Informationsquellen und moderne Exportformen.

Schauen Sie sich das beiliegende Programm an, wir sind sicher,
daß auch Ihnen die Tagung wertvolle Anregungen für Ihren zukünftigen Exporterfolg geben wird.

Mit freundlichen Grüßen

(Peter Meier)

NewTec Marketing & Consulting GmbH • Sitz Berlin • Amtsgericht Charlottenburg HRB 17267
GF: Dipl.-Oek. Peter Meier • Deutsche Bank Berlin (BLZ 100 700 00) Kto.-Nr. 08 15 47 11

*Das Beispiel zeigt, daß DTP natürlich auch für ganz normalen Schreibmaschinentext ein-
setzbar ist. Die Einladung wird auf den vorhandenen Geschäftsbriefbogen kopiert oder gedruckt. Schrift: Courier, 12 auf 14 Punkt.*

Preislisten und Katalogseiten

Vielzweck-Etiketten

Best.- Nr.	Katalog- Nr.	Größe mm	Etiketten je Pack.	DM
3003	129087	19	390	1,33
3004	129084	19	90	1,33
3005	129301	19	90	1,33
3006	129036	19	90	1,33
3007	129046	19	90	1,33
3170	129113	19	90	1,33
3117	129048	19	90	1,33
3172	129069	19	90	1,33
3170	129039	19	90	1,33
3174	129065	19	90	1,33
3140	129086	13	225	1,33
3142	129020	13	225	1,33
3143	129053	13	225	1,33
3144	129036	13	225	1,33
3009	129354	12	413	1,33
3010	129085	8	416	1,33
3011	129031	8	413	1,33
3012	129786	6	54	1,33
3013	129074	8	416	1,33
3107	129114	8	15	1,33
3176	129049	8	416	1,33
3177	129070	5	416	1,33

*Beim Satzspiegel dieser Preisliste ist berücksichtigt, daß das Blatt (DIN A 4) später abge-
heftet werden soll. Das Beispiel zeigt nur den oberen Teil der linken Spalte; das Original ist
zweispaltig. Schrift: New Helvetica Narrow.*

<table>
<tr><td colspan="2">Scharniere</td><td colspan="2">Verschlüsse</td></tr>
</table>

Scharniere	Verschlüsse
Scharniere, vermessingt, mit Schraublöchern, 16 x 12 mm **Bestell-Nr. 09.031.1** 10 Stück **DM 1,80**	Verschlüsse für Kästchen, mit Feder, vermessingt, 31 x 21 mm **Bestell-Nr. 09.033.0** 5 Stück **DM 1,95**
Scharniere, vermessingt, mit Schraublöchern, 19 x 15 mm **Bestell-Nr. 09.032.1** 10 Stück **DM 1,95**	Verschlüsse für Kästchen, mit Feder, vermessingt, 31 x 21 mm **Bestell-Nr. 09.034.0** 5 Stück **DM 2,20**
Scharniere, vermessingt, mit Schraublöchern, 16 x 12 mm **Bestell-Nr. 09.031.1** 10 Stück **DM 1,80**	Verschluß, vermessingt, mit Feder und Schraublöchern 50 x 30 mm **Bestell-Nr. 09.065.0** 1 Stück **DM 1,20**
Scharniere, vermessingt, mit Schraublöchern, 19 x 15 mm **Bestell-Nr. 09.032.1** 10 Stück **DM 1,95**	Verschluß, vermessingt, mit Schraublöchern, 35 x 27 mm **Bestell-Nr. 09.064.0** 1 Stück **DM 1,20**
Scharniere, vermessingt, mit Schraublöchern, 16 x 12 mm **Bestell-Nr. 09.031.1** 10 Stück **DM 1,80**	Verschlüsse für Kästchen, mit Feder, vermessingt, 31 x 21 mm **Bestell-Nr. 09.033.0** 5 Stück **DM 1,95**
Scharniere, vermessingt, mit Schraublöchern, 19 x 15 mm **Bestell-Nr. 09.032.1** 10 Stück **DM 1,95**	Verschlüsse für Kästchen, mit Feder, vermessingt, 31 x 21 mm **Bestell-Nr. 09.034.0** 5 Stück **DM 2,20**
Scharniere, vermessingt, mit Schraublöchern, 16 x 12 mm **Bestell-Nr. 09.031.1** 10 Stück **DM 1,80**	Verschluß, vermessingt, mit Feder und Schraublöchern 50 x 30 mm **Bestell-Nr. 09.065.0** 1 Stück **DM 1,20**
Scharniere, vermessingt, mit Schraublöchern, 19 x 15 mm **Bestell-Nr. 09.032.1** 10 Stück **DM 1,95**	Verschluß, vermessingt, mit Schraublöchern, 35 x 27 mm **Bestell-Nr. 09.064.0** 1 Stück **DM 1,20**
Scharniere, vermessingt, mit Schraublöchern, 16 x 12 mm **Bestell-Nr. 09.031.1** 10 Stück **DM 1,80**	Verschlüsse für Kästchen, mit Feder, vermessingt, 31 x 21 mm **Bestell-Nr. 09.033.0** 5 Stück **DM 1,95**
Scharniere, vermessingt, mit Schraublöchern, 19 x 15 mm **Bestell-Nr. 09.032.1** 10 Stück **DM 1,95**	Verschlüsse für Kästchen, mit Feder, vermessingt, 31 x 21 mm **Bestell-Nr. 09.034.0** 5 Stück **DM 2,20**
Scharniere, vermessingt, mit Schraublöchern, 19 x 15 mm **Bestell-Nr. 09.032.1** 10 Stück **DM 1,95**	Verschluß, vermessingt, mit Feder und Schraublöchern 50 x 30 mm **Bestell-Nr. 09.065.0** 1 Stück **DM 1,20**

Sie sehen einen Auszug aus einem achtseitigen Katalog im Format DIN A 5, einseitig bedruckt. Auf einer DIN-A 4-Seite wurden jeweils zwei Seiten nebeneinander gesetzt, die nach dem Druck auseinanderzuschneiden sind. Bei einer Klammerheftung durch den Katalogrücken – und beidseitig bedruckt – müßten die Seiten 8 (links) und 1 (rechts), 2 (links) und 7 (rechts), 4 (links und 5 (rechts), 6 (links) und 3 (rechts) auf der Reinzeichnung gegenüberliegen!

Unterlagen für den Außendienst

<table>
<tr><td>Gesprächsnotiz</td><td>vom:</td></tr>
<tr><td colspan="2">Kunde:

Branche:

Gesprächspartner:</td></tr>
<tr><td colspan="2">

</td></tr>
</table>

*Das zweite Feld dieser DIN-A 5-Notiz ist so bemessen, daß auch eine Geschäftskarte ange-
klammert werden kann. Häufiger Fehler bei solchen und ähnlichen Formularen ist, daß zu
wenig Platz für die handschriftlichen Eintragungen zur Verfügung steht.*

Wochenzettel   ..... KW vom .... bis ....   **Mitarbeiter/in:**

Tag	Kunden							
Mo								
Di								
Mi								
Do								
Fr								
Bearbeitet:								

Ein Formular im Format DIN A 4 quer für Außendienstleute zur Erfassung der wöchentlichen Kundenbesuche. Einzelne Kundengruppen können durch verschiedenfarbige Papiere gekennzeichnet werden.

Übersichten und standardisierte Tabellen

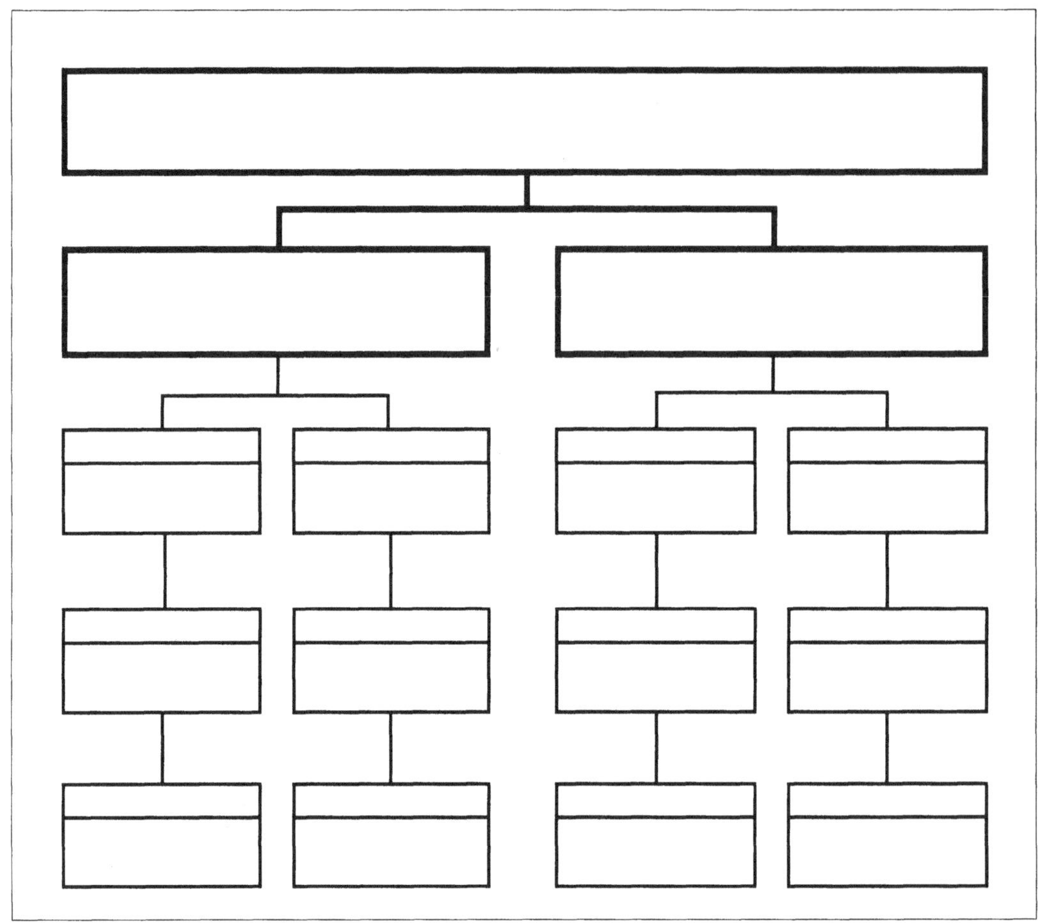

Übersicht zum handschriftlichen Ausfüllen für eine grobe Projektplanung mit Berücksichtigung der Zuständigkeiten. Die Kästen sind so aufgebaut, daß sie im Bedarfsfall beliebig erweitert und vergrößert werden können. Daher ist es ratsam, mit Zwischenräumen zu arbeiten, die nicht kleiner als 5 mm sein dürfen.

Ordersatz-Stammseite (vorerst ohne Eindruck) für diverse Kleinteile. Die Spaltenbreiten orientieren sich am voraussichtlich längsten Wort. Aus Platzgründen empfiehlt es sich, später schmallaufende Schriften einzusetzen.

E v A

Ein Programm zur Unterstützung des Entwurfs von linearen Analogschaltungen

Copyright© 1987/88 K. Sattler/ GeTeMed GmbH, Berlin.
Alle Rechte vorbehalten.

GeTeMed GmbH
Großbeerenstraße 148-158
1000 Berlin 48

Tel.: (030) 741 60 35
Telex: 1 85 511 gtmed d

DIN-A 4-Deckblatt eines technischen Handbuchs. In das untere rechte Feld wird später der Stempel der Vertriebsgesellschaften eingesetzt. Das Firmensignet wurde gescannt (vgl. dazu Kapitel VI, „Bildvorlagen und Lithos").

MACOM Testmarktforschung

LEISTUNGSANGEBOT

- Gruppendiskussionen

- Einzelexplorationen

- Konsumenteninterviews

- Panelumfragen

- Beobachtung und Befragung des Handels

- Produkt- und Werbetests

- Sekundäranalysen

- Marketingberatung

Berlin 1988

Zwischentitel für einen Angebotsordner mit mehreren Leistungsbereichen. Die Seite soll gleichzeitig als Präsentationsfolie für die Hellraumprojektion dienen.

Endbericht

Unido-Symposium in Mauritius

Juni 1988

Die Abbildung auf dem Titelblatt dieses internen Ergebnisberichts wurde dem Immobilien-prospekt eines unserer Kunden entnommen und als Ausschnittverkleinerung gescannt. Achtung: Im Auflagendruck dürfen natürlich fremde Bilder nur dann verwendet werden, wenn zuvor die Abdruckgenehmigung eingeholt worden ist. Copyright-Verletzungen können teuer zu stehen kommen!

Der Pfeil stammt aus einem Fundus von Layoutvorlagen, die man kaufen, aber für Büro-drucksachen nur zum geringen Teil benutzen kann. Oft sind es verschnörkelte Umrandungen, Cartoons oder DrawArt-Grafiken wie im Kapitel VII gezeigt.

Präsentationsfolien

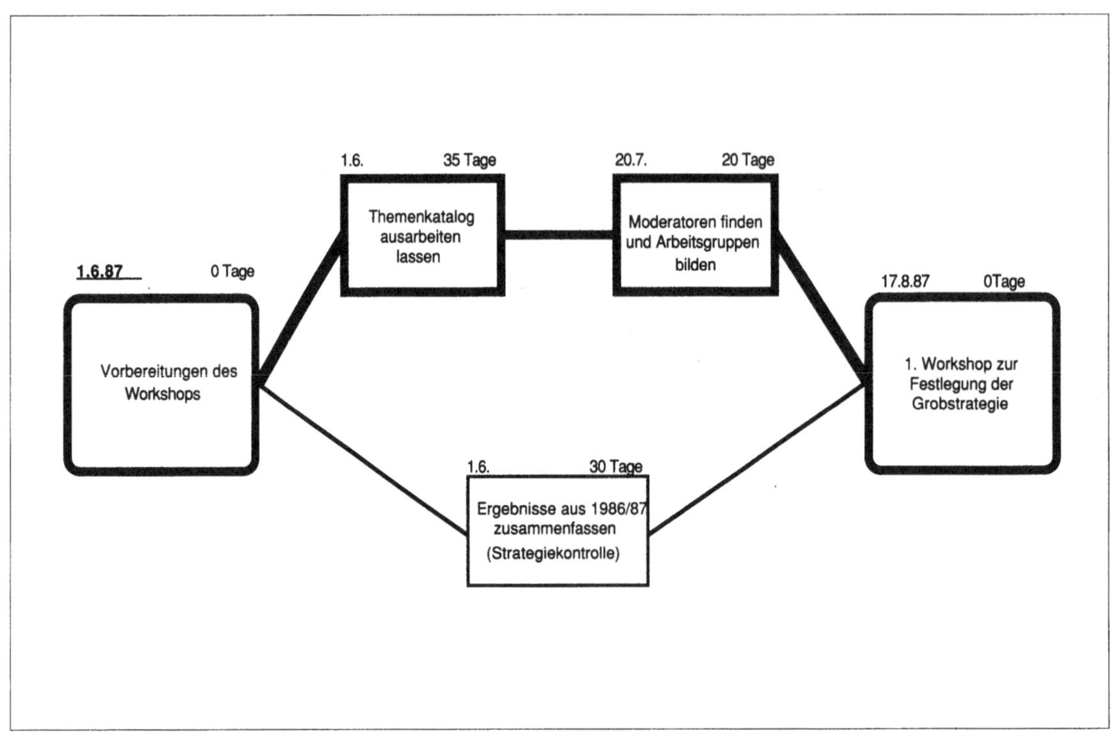

Aufgabe war es, einen Netzplan für Präsentationszwecke übersichtsartig darzustellen. In Ermangelung der passenden Software wurde er im Layoutprogramm (etwas mühsam) gezeichnet.

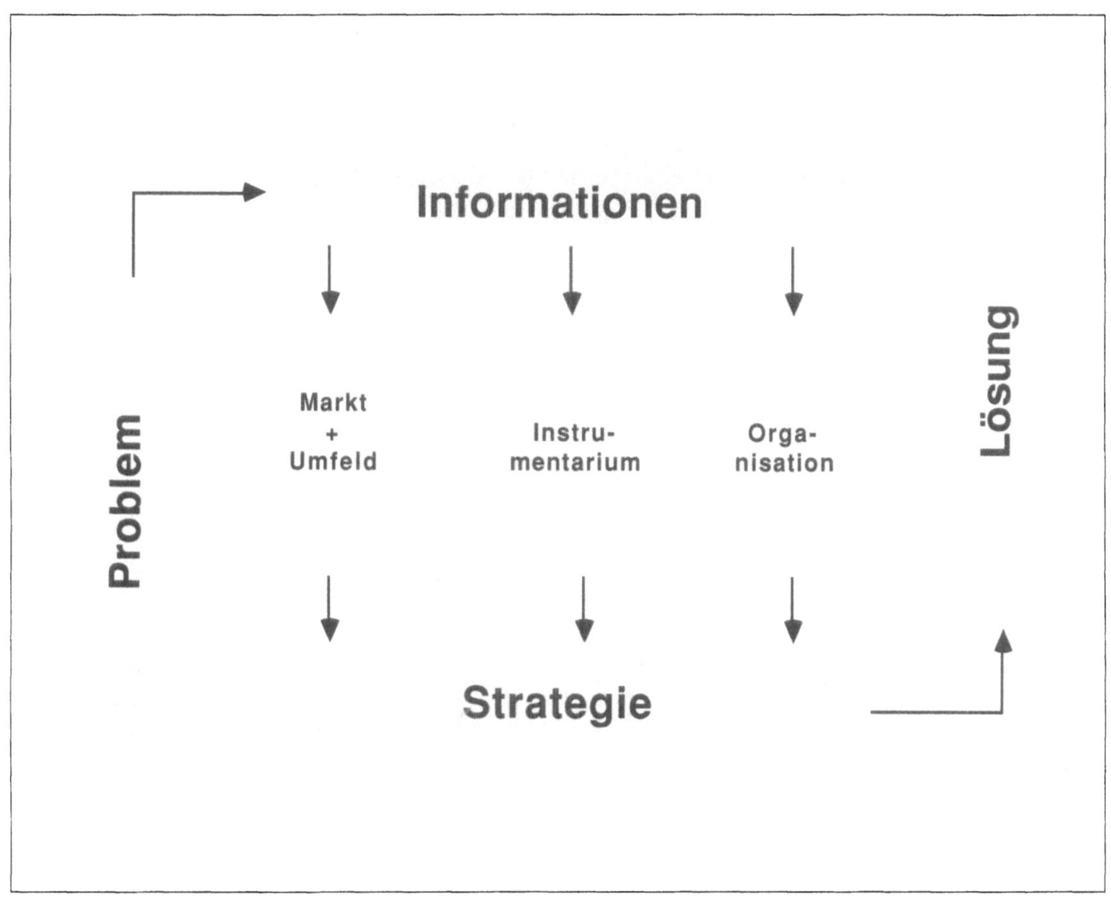

Bei Präsentationsfolien kommt es auf die gekonnte Visualisierung auch komplizierter Sachverhalte an. Besser als umfangreiche Textpassagen sind einprägsame Abbildungen, die auf einen Blick erkennen lassen, worum es geht. Derartige Darstellungen können aber durchaus einige Stunden harter DTP-Arbeit erforderlich machen!

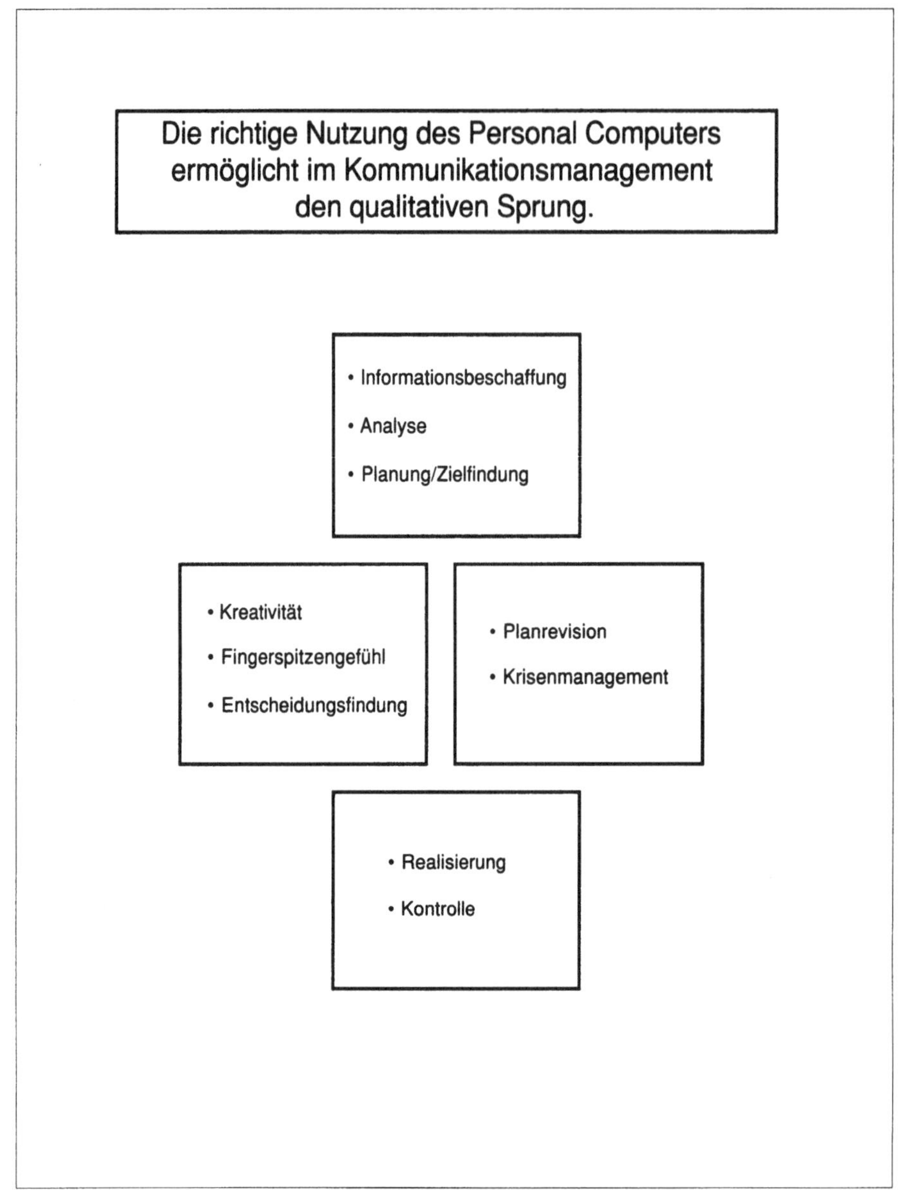

Bei Präsentationsfolien für die Hellraumprojektion sollten Schriftgrade zwischen 16 und 24 Punkt (normal oder fett) verwendet werden. Kleinere Grade dürfen nur begründeten Ausnahmefällen vorbehalten bleiben. Jede Zeile muß auch noch von der letzten Reihe aus gut lesbar sein. Ein rechtzeitiger Projektionstest erspart Unmut und Kritik.

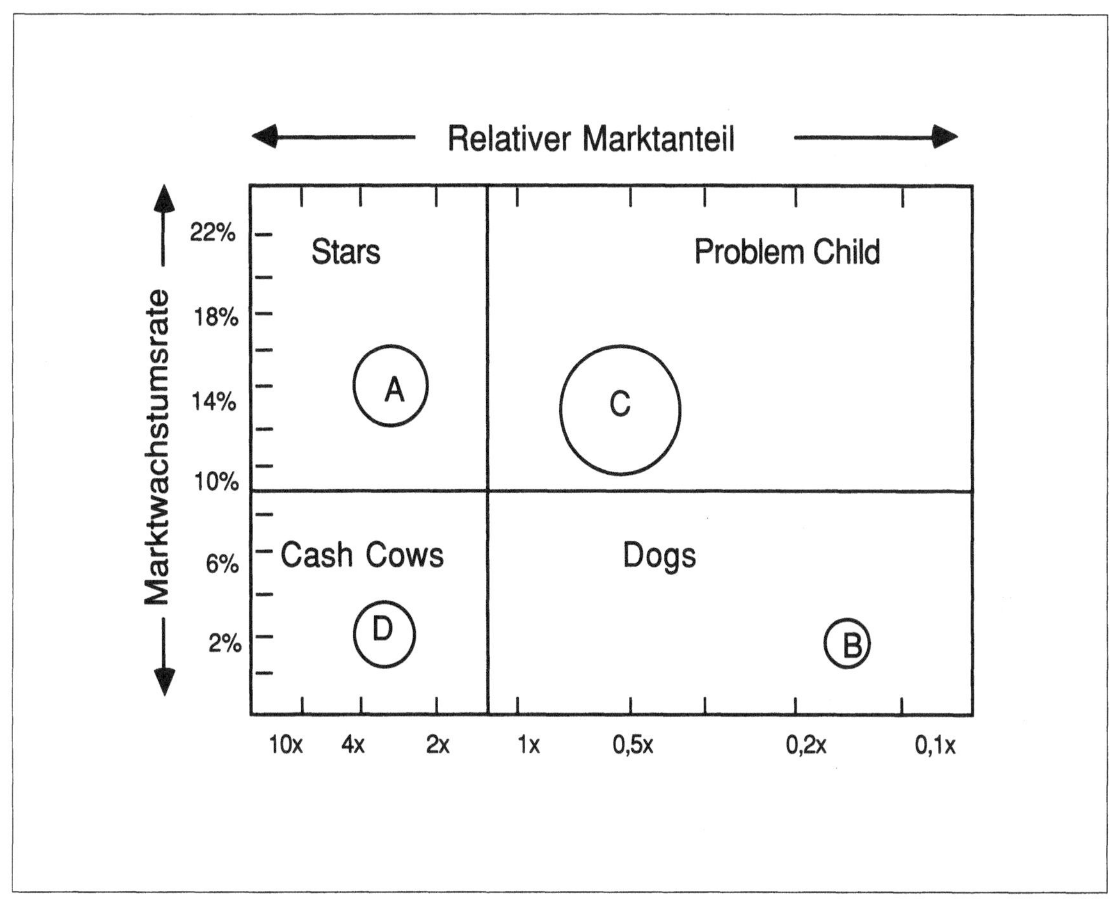

Ausschnitt aus einer Präsentationsfolie. Für die Hellraumprojektion sind nach unserer Erfahrung Groteskschriften am besten geeignet. Sie sind schneller erfaßbar und deutlicher lesbar als Antiquaschriften.

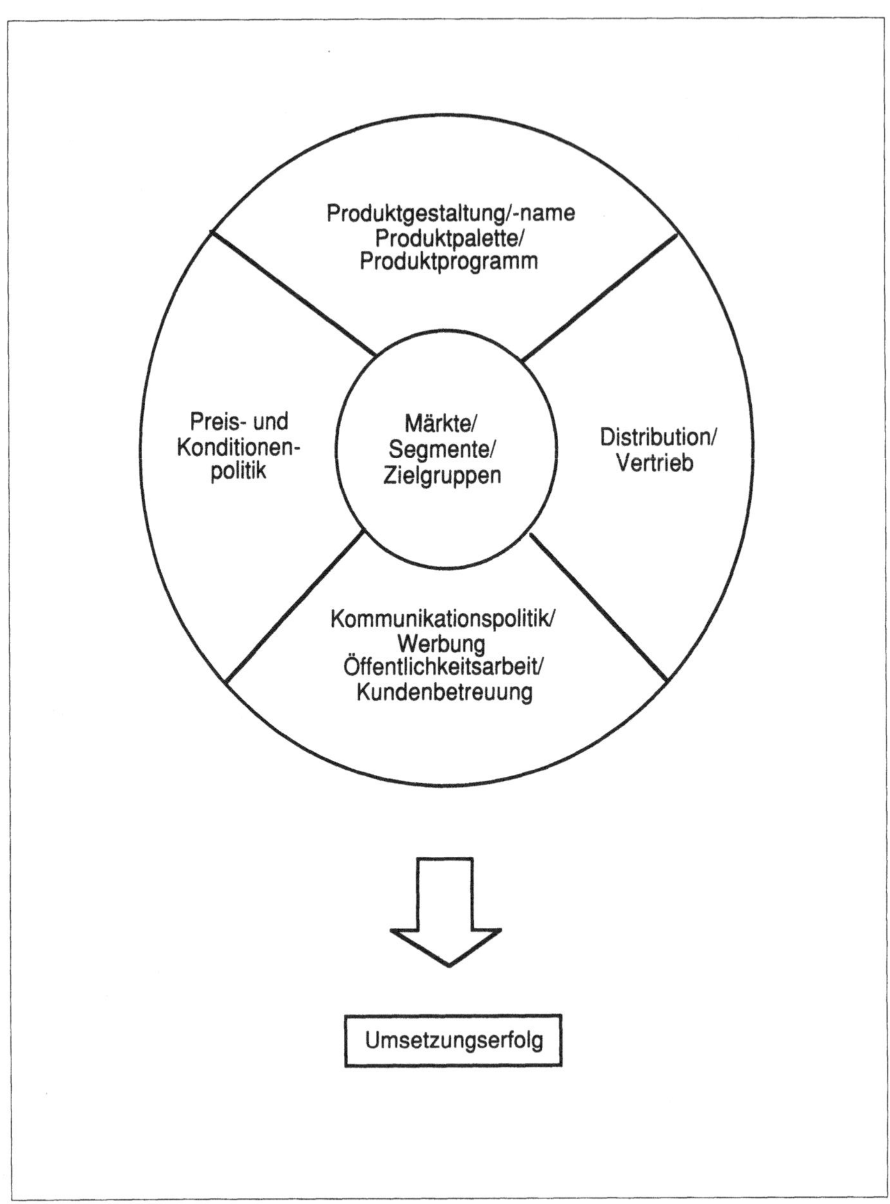

Hier wieder ein Beispiel für die visuelle Umsetzung eines Sachverhaltes, der als reine Textfassung weitaus weniger einprägsam wäre. Visualisierungen haben darüber hinaus den Vorteil, daß sie bei der Präsentation genügend Spielraum für mündliche Erläuterungen und Ergänzungen lassen.

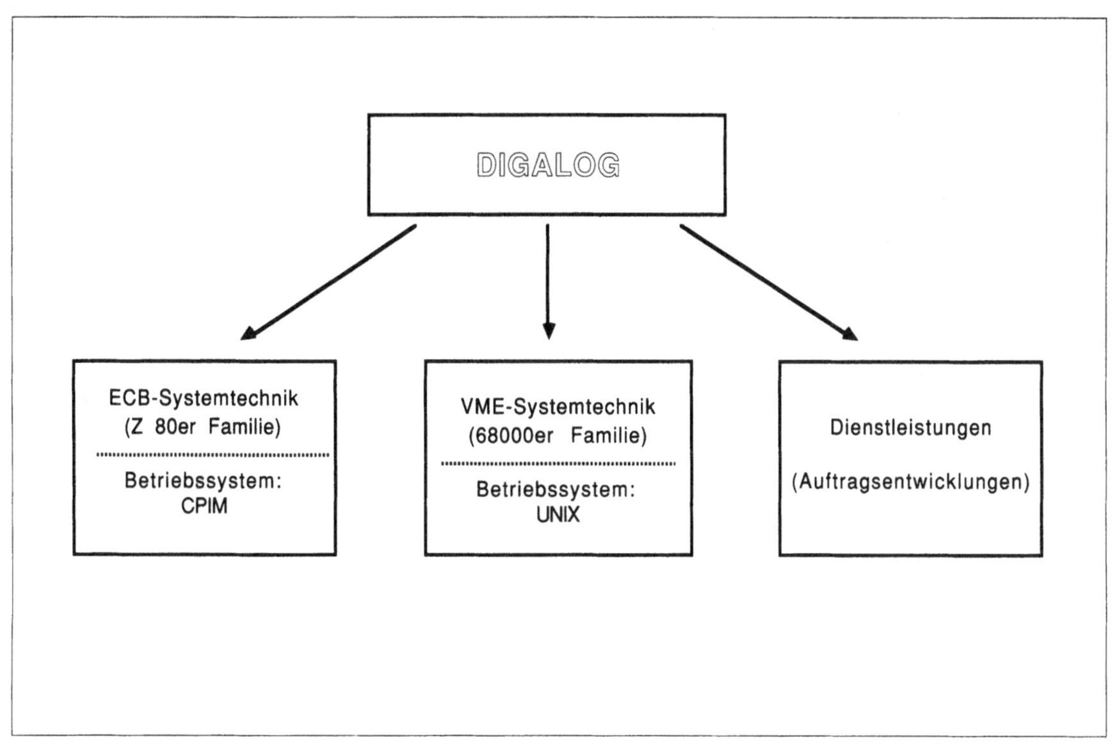

Die meisten Hellraumprojektoren sind für eine Hochformat-Projektion eingerichtet. Der Satzspiegel der Folie sollte deshalb eine Breite von 18 cm möglichst nicht überschreiten. Falls dadurch die Verwendung eines Schriftgrades unter 12 Punkt erforderlich wird, ist Vorsicht geboten. Die Lesbarkeit ist dann nur noch gewährleistet, wenn der Teilnehmerkreis der Präsentation sehr klein ist.

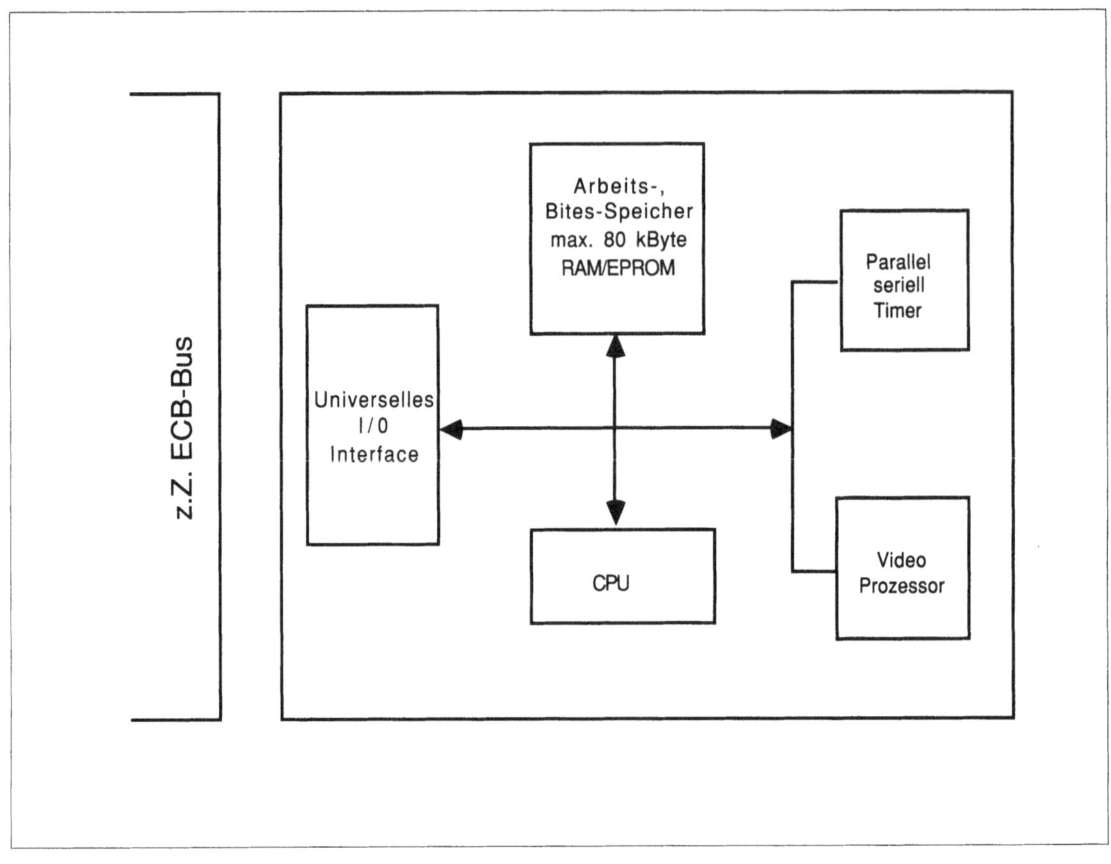

Diese Präsentationsfolie hätte auch ohne weiteres im Hochformat gesetzt werden können. Es sollte aber genügend Raum für handschriftliche Ergänzungen während des Vortrages frei bleiben. Felder, die besonders wichtig sind, lassen sich mit Hilfe von selbstklebenden Transparentfolien farbig unterlegen. Bei einem Mehrfarb-Laserdrucker erübrigen sich natürlich derartige manuelle Nachbearbeitungen.

Formblätter, Formulare, Fragebögen

Personalbogen

Name	
Vorname	
Geb.-Datum u. -Ort	
Anschrift	
Telefon	
Lohnsteuerkarte	
Steuerklasse	
Versicherungs-Nr./ Semesterbesch.	
Krankenkasse	
Gehalt	
Eintritt	
Austritt	

DTP macht es einfach, Ordnung und Übersicht in den Büroalltag zu bringen. Statt der vielfach üblichen Zettelwirtschaft bietet es sich an, alle wiederholt vorkommenden Formulare und Formblätter zu setzen und zu vervielfältigen. Allerdings sollte man sich vor der „Formularitis" hüten – nicht alles Schriftliche muß über DTP produziert werden.

Aktion:
Zielgruppen:
Medien:
Zeitpunkt der Meldung:
Aktions- Zeitpunkt:
PR-Aktivitäten:
Informations- mittel:
Kooperations- partner:

Typografische Schönheit ist bei internen Formularen nur von nachgeordneter Bedeutung. Wichtiger sind Zweckmäßigkeit und Einfachheit.

<table>
<tr><td>

Kunde:

Ansprechpartner:

</td></tr>
<tr><td>

Projekt:

</td></tr>
<tr><td>

Preis:

</td></tr>
<tr><td>

Umfang:

</td></tr>
<tr><td>

Bemerkungen:

</td></tr>
<tr><td>

Fremdkosten:

</td></tr>
</table>

Formulare sollten in den Standardformaten DIN A 4 oder DIN A 5 hergestellt werden, um das problemlose Ablochen und Abheften zu ermöglichen. Nutzen Sie auch bei Formularen und Formblättern farbige Papiersorten zur besseren Unterscheidung einzelner Kundengruppen, Geschäftsjahre, Vertriebsgebiete usw.

6. Bitte sagen Sie mir nun, welche der folgenden Aussagen auf diese
   Sorte Brot ganz besonders zutreffen.

trifft voll und ganz zu	trifft zu	trifft nicht zu	
❏	❏	❏	macht Appetit
❏	❏	❏	ist informativ
❏	❏	❏	sieht natürlich aus
❏	❏	❏	ist hübsch
❏	❏	❏	fällt auf
❏	❏	❏	sieht gesund aus
❏	❏	❏	macht neugierig
❏	❏	❏	sieht frisch aus
❏	❏	❏	ist klar und deutlich
❏	❏	❏	macht preiswerten Eindruck
❏	❏	❏	gefällt mir gut
❏	❏	❏	ist für eine Brotpackung ungewöhnlich
❏	❏	❏	sieht wertvoll aus
❏	❏	❏	paßt zu dunklem Brot
❏	❏	❏	paßt zu hellem Brot
❏	❏	❏	würde ich kaufen

Eine Beispielseite aus einem Fragebogen für Kundeninterviews. Die Ergebnisse wurden später mit Hilfe eines Tabellenkalkulations-Programms mit integrierter Grafik verarbeitet und in Form von Tabellen und Diagrammen dargestellt.

Tagungsdrucksachen

im August 1987

Berliner Exporttagung '87
"Exportchancen prüfen und nutzen!"- 2.10.1987

Sehr geehrte Damen, sehr geehrte Herren,

immer mehr kleine und mittlere Betriebe suchen nach Möglichkeiten zu exportieren. Gangbare Wege für den Einstieg in ein erfolgreiches Exportgeschäft aufzuzeigen, ist Ziel der "Berliner Exporttagung '87".

Entsprechend der Bedeutung des Themas hat der Senator für Wissenschaft und Forschung die Förderung der Tagung übernommen. Sein Anliegen ist es, Forschung und Entwicklung verstärkt für innovative Produkte und Verfahren einzusetzen, die gute Chancen haben, auf den Auslandsmärkten zu bestehen.

Die Fachtagung wird gemeinsam vom RKW, dem Wirtschaftsverband Eisen-, Maschinen- und Apparatebau e.V., WEMA, und dem Verband der Berliner Elektroindustrie e.V., VBEI, durchgeführt. Weiterer Kooperationspartner ist die Deutsche Finanzierungsgesellschaft für Beteiligungen in Entwicklungsländern GmbH (DEG), Köln.

Das Veranstaltungsprogramm sieht eine Reihe von Vorträgen und Diskussionen mit Experten aus der Wirtschaft vor. Im Mittelpunkt stehen wichtige Fragen wie Exportvoraussetzungen für kleine und mittlere Unternehmen, Exportfinanzierung, Risikoabsicherung, Kooperationsmöglichkeiten, Vermeidung von Exportfehlern etc.

Die Veranstaltung findet am 2. Oktober 1987 in der wiedereröffneten Berliner Kongreßhalle statt. Das ausführliche Tagungsprogramm können Sie der beiliegenden Einladung entnehmen; für Ihre Anmeldung benutzen Sie bitte die separate Anmeldekarte.

Mit freundlichen Grüßen

RKW-Berlin   WEMA   VBEI

Die folgenden sechs Seiten zeigen Drucksachen, die für die Vorbereitung einer Tagung erstellt worden sind. Das vorstehende Anschreiben wurde auf Original-Briefpapier vervielfältigt.

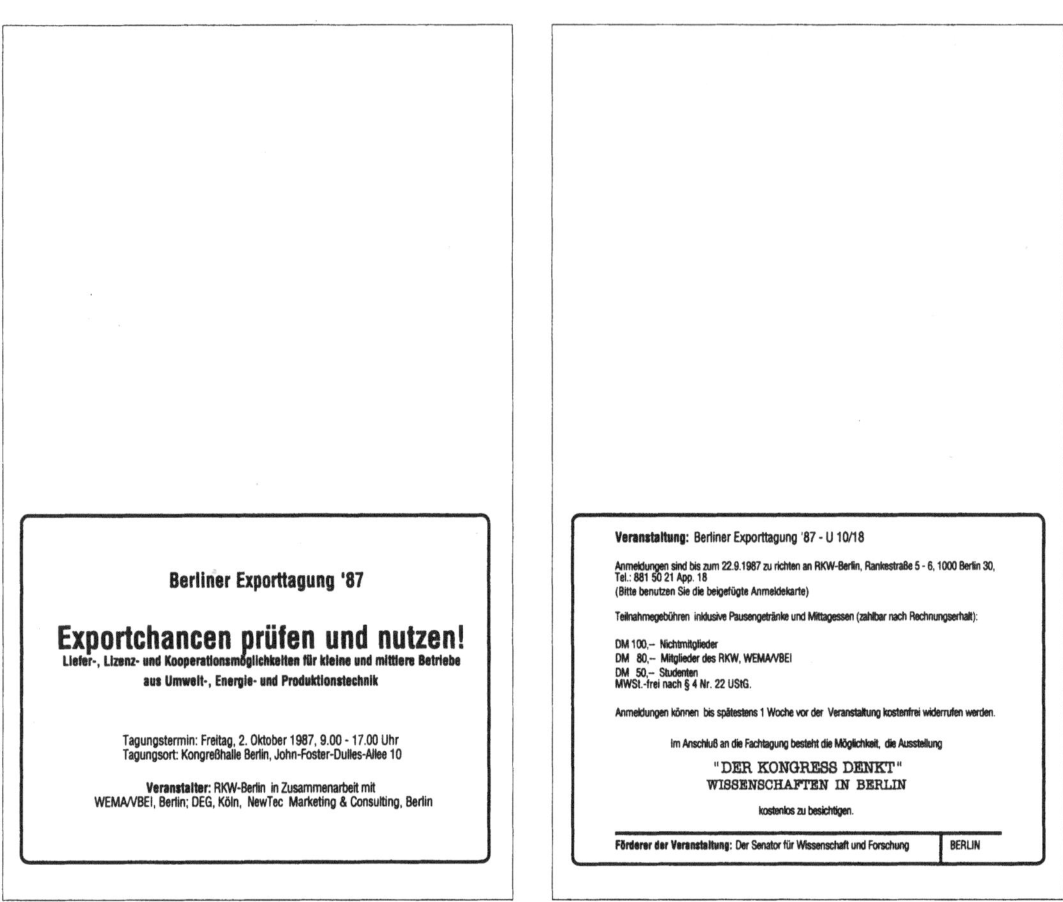

Berliner Exporttagung '87

Exportchancen prüfen und nutzen!
Liefer-, Lizenz- und Kooperationsmöglichkeiten für kleine und mittlere Betriebe
aus Umwelt-, Energie- und Produktionstechnik

Tagungstermin: Freitag, 2. Oktober 1987, 9.00 - 17.00 Uhr
Tagungsort: Kongreßhalle Berlin, John-Foster-Dulles-Allee 10

Veranstalter: RKW-Berlin in Zusammenarbeit mit
WEMA/VBEI, Berlin; DEG, Köln; NewTec Marketing & Consulting, Berlin

Veranstaltung: Berliner Exporttagung '87 - U 10/18

Anmeldungen sind bis zum 22.9.1987 zu richten an RKW-Berlin, Rankestraße 5 - 6, 1000 Berlin 30,
Tel.: 881 50 21 App. 18
(Bitte benutzen Sie die beigefügte Anmeldekarte)

Teilnahmegebühren inklusive Pausengetränke und Mittagessen (zahlbar nach Rechnungserhalt):

DM 100,– Nichtmitglieder
DM 80,– Mitglieder des RKW, WEMA/VBEI
DM 50,– Studenten
MWSt.-frei nach § 4 Nr. 22 UStG.

Anmeldungen können bis spätestens 1 Woche vor der Veranstaltung kostenfrei widerrufen werden.

Im Anschluß an die Fachtagung besteht die Möglichkeit, die Ausstellung

"DER KONGRESS DENKT"
WISSENSCHAFTEN IN BERLIN

kostenlos zu besichtigen.

Förderer der Veranstaltung: Der Senator für Wissenschaft und Forschung | BERLIN

Das Tagungsprogramm wurde beidseitig auf DIN-A 4-Karton (Hochformat) gedruckt und anschließend auf das Format DIN A 5 quer gefaltet. Die Abbildung zeigt die erste und letzte Seite der Einladungskarte.

Tagungsprogramm

9.00 Uhr	**Begrüßung und Eröffnung**
9.15 Uhr	**Erfolg durch Export und Kooperation -** **Welche Möglichkeiten haben Klein- und Mittelbetriebe?**
10.15 Uhr	**Vergabe von Lizenzen - Wirtschaftliche und rechtliche Aspekte**
11.15 Uhr	**Kaffeepause**
11.30 Uhr	**Auslands- und Exportfinanzierung**
12.15 Uhr	**Mittagessen**
13.15 Uhr	**Kooperationen und Joint Ventures in Ländern der Dritten Welt -** **Erfahrungen aus der Projektfinanzierung der DEG**
14.00 Uhr	**Praxisbeispiel: Aufbau von Joint Ventures in der Türkei -** **Staatliche Förderungsmaßnahmen von deutscher und türkischer Seite**
14.45 Uhr	**Kaffeepause**
15.00 Uhr	**Auslandserfolge sind selten Zufallsgeschäfte -** **Expertendiskussion**
16.30 Uhr	**Zusammenfassung - Mit welchen Rahmenbedingungen ist in den** **neunziger Jahren im Auslandsgeschäft zu rechnen? (6 Thesen)**
17.00 Uhr	**Veranstaltungsende**
	Möglichkeit zum Ausstellungsbesuch „Der Kongreß denkt - **Wissenschaften in Berlin" in der Kongreßhalle**

Der Mittelteil der Einladung enthält das Tagungsprogramm im Hochformat DIN A 4.

Absender/Firmenstempel:

RKW-Berlin

Berliner Exporttagung '87
(U 10/18)

Rankestraße 5-6

1000 Berlin 30

<u>Bitte bis zum 22. September 1987 zurückschicken</u>

An der Berliner Exporttagung '87 > Exportchancen prüfen und nutzen! < (U 10/18)
am 2. Oktober 1987 in der Kongreßhalle (9.00 - 17.00 Uhr) nehme(n) ich/wir teil.

Die Teilnahmegebühr für

..... Person(en) à DM 100,-- (Nichtmitglieder)

..... Person(en) à DM   80,-- (RKW/WEMA/VBEI-Mitglieder)

..... Person(en) à DM   50,-(Studenten, Studienbescheinigung liegt bei)

überweise(n) ich/wir nach Rechnungserhalt.

An der kostenlosen Führung durch die Ausstellung "Der Kongreß denkt" nehmen

..... Personen teil.

Berlin, den:

Telefon: _______________________ Name, Firma Anschrift

*Vor- und Rückseite der Anmeldepostkarte, gedruckt auf 170g/qm-Karton (postalisch vor-
geschriebenes Mindestgewicht!).*

Berliner Exporttagung '87

Essenbon

für . . . .

Berliner Exporttagung '87

Essenbon

für . . . .

Berliner Exporttagung '87

Essenbon

für . . . .

Berliner Exporttagung '87

Essenbon

für . . . .

Berliner Exporttagung '87

Essenbon

für . . . .

Berliner Exporttagung '87

Essenbon

für . . . .

Ausschnitt aus der DIN-A 4-Seite mit 10 Nutzen. (Durch die Verkleinerung wirkt das 20%-Raster gröber als im Original.)

Neben den gezeigten Beispielen wurden Namensschilder, Anmeldebestätigungen, Hinweistafeln, Tagungsmappen und anderes mehr über DTP produziert. Das vorstehende Kleinplakat ist über einen Farbkopierer auf das Format DIN A 2 hochvergrößert worden.

Geschäftspapiere und Prospekte

Die Gestaltung von Geschäftspapieren und Prospekten ist im Normalfall die Domäne eines professionellen Grafikers. Natürlich lassen sich aber auch vom „Nichtfachmann" mit einiger Übung und Sorgfalt ansprechende Ergebnisse erzielen.

Die zweite Seite des Geschäftsbriefbogens. Kontrollieren Sie bei Briefbögen unbedingt sehr sorgfältig die richtige Plazierung des Adressenfeldes und der Absenderzeile.

NewTec GmbH
Bettinastraße 16
1000 Berlin 33

Telefon (030) 825 10 77/78
Telefax (030) 826 61 68
Teletex 30 85 81

Kurzmitteilung   Datum

NewTec GmbH · Bettinastraße 16 · 1000 Berlin 33

NewTec GmbH
Bettinastraße 16
1000 Berlin 33

Telefon (030) 825 10 77/78
Telefax (030) 826 61 68
Teletex 30 85 81

Kurzmitteilung   Datum

NewTec GmbH · Bettinastraße 16 · 1000 Berlin 33

Das eben Gesagte gilt selbstverständlich für alle per Post zu verschickenden Geschäfts-drucksachen: Die postalischen Vorschriften und Normen sind strikt einzuhalten. Bei Kurz-mitteilungen arbeitet man mit 3 Nutzen (Höhe = 99 mm).

NewTec
Marketing & Consulting

NewTec Marketing & Consulting GmbH
Bettinastr. 16 • 1000 Berlin 33 • Tel.: (030) 825 10 77/78
Telefax (030) 826 61 68 Teletex 30 85 81

NewTec
Marketing & Consulting

NewTec Marketing & Consulting GmbH
Bettinastr. 16 • 1000 Berlin 33 • Tel.: (030) 825 10 77/78
Telefax (030) 826 61 68 Teletex 30 85 81

NewTec
Marketing & Consulting

NewTec Marketing & Consulting GmbH
Bettinastr. 16 • 1000 Berlin 33 • Tel.: (030) 825 10 77/78
Telefax (030) 826 61 68 Teletex 30 85 81

NewTec
Marketing & Consulting

NewTec Marketing & Consulting GmbH
Bettinastr. 16 • 1000 Berlin 33 • Tel.: (030) 825 10 77/78
Telefax (030) 826 61 68 Teletex 30 85 81

NewTec
Marketing & Consulting

NewTec Marketing & Consulting GmbH
Bettinastr. 16 • 1000 Berlin 33 • Tel.: (030) 825 10 77/78
Telefax (030) 826 61 68 Teletex 30 85 81

NewTec
Marketing & Consulting

NewTec Marketing & Consulting GmbH
Bettinastr. 16 • 1000 Berlin 33 • Tel.: (030) 825 10 77/78
Telefax (030) 826 61 68 Teletex 30 85 81

Diese Visitenkarten wurden mit 10 Nutzen gesetzt, anschließend auf A 4-Karton gedruckt und geschnitten. Die Schneidemarkierungen befinden sich außerhalb des hier sichtbaren Satzspiegels.

Entscheidend bei Briefbögen ist die Wirkung des beschriebenen Papiers. Testen Sie also vor dem Druck, ob die Gestaltung auch als geschriebener Brief Ihre typografischen Erwartungen erfüllt.

Das WVG CoGenUnit erzeugt Strom und Nutzwärme. Gleichzeitig.

Überall.

4seitiger Prospekt für ein technisches Produkt (Deckblatt). Die Abbildung wurde gescannt und durch Aufrasterung bewußt verfremdet.

Netzunabhängige Stromversorgung von 10 bis 185 kW. Plus Wärme.

Was ist ein CoGenUnit?

Mit dem WVG CoGenUnit ist jetzt auch für den unteren Leistungsbereich ab ca. 10 kW ein betriebssicheres und wirtschaftliches System verfügbar.

Das WVG CoGenUnit stellt ein kleines Blockheizkraftwerk dar. Unter einem Blockheizkraftwerk versteht man eine Anlage, die gleichzeitig Strom und Nutzwärme erzeugt. Die Anlage besteht im wesentlichen aus einem oder mehreren Dieselmotoren, aus Wärmetauschern zur Nutzung der Abwärme des Motorkühlsystems, des Ölkreislaufs und der Abgase sowie aus einem Generator für die Stromerzeugung, der vom Motor angetrieben wird.

In vielen Fällen ist es sinnvoll, mehrere Aggregate zu koppeln: Das CoGenUnit erlaubt die Zusammenschaltung von bis zu acht Aggregaten. Auf diese Weise ist eine Gesamtleistung von 10 bis 185 kWel bzw. 25 bis 440 kWth erreichbar.

Bei der Festlegung der Leistungskapazität der Anlage ist Leitgröße in der Regel der Strombedarf. Das bedeutet, daß gegebenenfalls noch ein Wärmespeicher und/oder Spitzen-Kessel benötigt wird, um überschüssige bzw. fehlende Wärme auszugleichen.

Strom und Wärme für weniger Geld!

Eine hervorragende wirtschaftliche und technische Lösung ist in den Fällen gegeben, wo thermische und elektrische Energie gleichzeitig benötigt wird, da sich hierbei die eingesetzte Primärenergie optimal ausnutzen läßt. Die Nutzung der thermischen Energie erfolgt in der Regel über Wasser, das bis zu 75 ° aufgeheizt werden kann.

Die Wirtschaftlichkeit des CoGenUnit ist besonders groß, wenn man die Anlage im Dauerbetrieb zur Grundlastdeckung von Strom und Wärme einsetzt - wenn also die jährliche Betriebsstundenzahl möglichst hoch ist. Auf jeden Fall sollte vor der Installation eine Wirtschaftlichkeitsanalyse durchgeführt werden, um die optimale Auslegung der Gesamtanlage zu ermitteln.

Das WVG CoGenUnit arbeitet umweltfreundlich

Die Partikelemissionen der Anlage sind durch den eingebauten automatisch regenerierenden Rußfilter sehr gering. Würde die TA-Luft auch für kleine Anlagen gelten, so blieben die zulässigen Grenzwerte weit unterschritten. Eine Schalldämmhaube ermöglicht den geräuscharmen Betrieb.

Die Vorteile des WVG CoGenUnit liegen auf der Hand:

* bessere Ausnutzung der eingesetzten Primärenergie durch gleichzeitige Nutzung von Wärme und Strom (hoher Wirkungsgrad)

* so gut wie keine Leitungsverluste durch Aufstellung in unmittelbarer Nähe der Verbraucher (dezentrale Energieerzeugung)

* hohe Flexibilität, da die Anlage leicht modifiziert und erweitert werden kann

* kurze Planungs- und Errichtungszeit durch modulare Bauweise

* sehr gute Anpassung an den räumlichen und zeitlichen Energiebedarf

* geringer Raum- und Platzbedarf durch kompakte Bauweise

* Eignung für den Notstrombetrieb

* sehr hohe Verfügbarkeit bei Mehrmotorenanlagen

* günstiger Systempreis durch Verwendung von VW-Serienmotoren und anderen Komponenten aus der Serienfertigung

* einfache Bedienung und Wartung

Prospekt-Innenseite links. Die Buchstaben- und Zeilenabstände sowie die Laufweiten haben sich durch die DTP-Verkleinerung verzerrt. Dies gilt für den ganzen Prospekt.

Große Wirtschaftlichkeit und Zuverlässigkeit durch standardisierte Modultechnik.

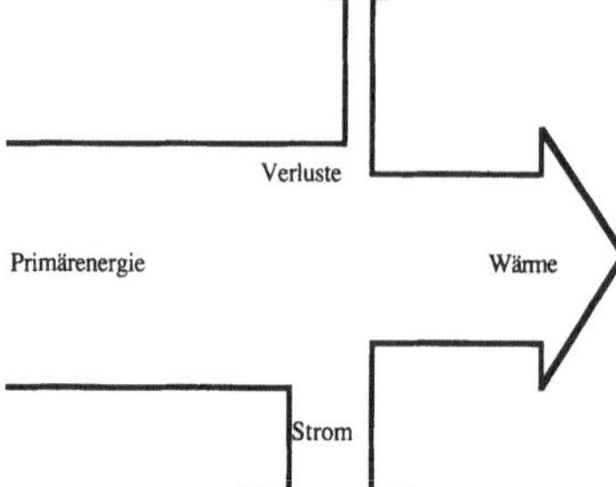

Die Anlage kann sowohl im Netzparallelbetrieb ...

Netzparallelbetrieb bedeutet, daß eine Verbindung zum öffentlichen Stromnetz besteht, aus dem dann der Spitzenlastbedarf gedeckt werden kann. (Zwar ist es denkbar, den mit der Anlage erzeugten Überschußstrom in das Netz wieder einzuspeisen, in der Bundesrepublik Deutschland ist diese Möglichkeit angesichts der vorhandenen Energieversorgungsstrukturen allerdings wenig sinnvoll. In vielen anderen Ländern stellt sich hierfür die Situation dagegen günstig dar.) Nahezu maßgeschneidert ist das CoGenUnit für den Einsatz in Heizungszentralen im Leistungsbereich von 500 kWth aufwärts. Hier kann die Anlage zur Grundlastdeckung des Stromverbrauchs der Heizanlage dienen. Die erzeugte Nutzwärme wird direkt ins Heizwassersystem eingespeist.

... als auch im Inselbetrieb eingesetzt werden

Äußerst interessant sind die Anwendungsfälle, in denen das CoGenUnit allein zur Energieerzeugung und -versorgung eingesetzt wird (Inselbetrieb).

Überall dort, wo landwirtschaftliche, gewerbliche oder kommunale Einrichtungen ständigen Strombedarf von 10 bis 185 kWel und gleichzeitigen Wärmebedarf haben, kommt der Einsatz des CoGenUnit in Frage. Insbesondere, wenn der Anschluß an das öffentliche Netz technische oder wirtschaftliche Probleme schafft.

Gute Einsatzmöglichkeiten resultieren auch aus den "weißen Flecken" der Energieversorgung. Diese finden sich häufig in unzugänglichen Gebieten bzw. in Ländern mit einer wenig entwickelten Infrastruktur im Energiesektor. Hier kann das WVG CoGenUnit die Funktion eines zentralen Energieversorgers für abgelegene Ansiedlungen oder größere Betriebsstätten übernehmen.

Zusätzliches Einsparen von Primärenergie durch Nutzung von Windkraft

Möglich ist die Kopplung des WVG CoGenUnit mit einer Windkraftanlage. Die Dieselaggregate decken dabei im Normalfall nur noch 15 bis 25% des Strombedarfs ab, den Rest liefert - kostenlos - die Windkraftanlage. Für die Ankoppelung mit Windgeneratoren stehen robuste, sturmsichere Anlagen der Firma Südwind zur Verfügung, die sich durch eine hohe Leistung auch bei geringen Windgeschwindigkeiten auszeichnen. Das WVG CoGenUnit läßt sich auch nachträglich mit einer Windkraftanlage kombinieren.

Projektierungs- und Finanzierungsberatung gehören mit zum Service

Die WVG Wärme-Versorgungs-Gesellschaft erarbeitet als Anlagenverkäufer nicht nur maßgeschneiderte Planungs- und Wirtschaftlichkeitsberechnungen, sondern berät auch die Betreiber einer Anlage bei der Projektfinanzierung.

Möglich sind auch Betreibermodelle

Durch die Kooperation der Betreiber mit regionalen oder überregionalen Investoren (Banken, Genossenschaften, Handwerksbetriebe, Energieversorgungsunternehmen usw.) lassen sich insbesondere in Regionen mit noch nicht voll ausgebauter Stromversorgungsstruktur attraktive Betreibermodelle entwickeln: Der Investor übernimmt die Beschaffungs- und Installationskosten und refinanziert sich über den kontinuierlichen Energieverkauf an den Betreiber.

Prospekt-Innenseite rechts. Die Abbildung wurde über ein Zeichenprogramm erstellt.

Technische Daten des WVG CoGenUnit

Antriebsmaschine

Diesel-Industriemotor Typ 0.68 D/M 344, Hubraum 1,6 l VW Volkswagenwerk AG, Werk Salzgitter

Betriebsdrehzahl	ca.	1.500	l/min	3.000	l/min
nutzbare mech. Leistung (Antriebsleistung)	ca.	12,8	kW	28,1	kW
mech. Wirkungsgrad	ca.	30,1	%	30,4	%
Spezifischer Verbrauch, bez. auf mech. Leistung	ca.	280	g/kWh	277	g/kWh
nutzbare therm. Leistung (Kühlwasser, Abgas	ca.	25,5	kW	55,1	kW
therm. Wirkungsgrad	ca.	59,9	%	59,6	%
Gesamtwirkungsgrad	ca.	90	%	90	%

CoGenUnit mit Asynchrongenerator für den Netzparallelbetrieb

Generator (AEG), Typ		AM 160 MR 4		AM 180 MR 2	
Nennleistung		11	kW	22	kW
Betriebsspannung		220	V	220	V
Nennstrom bei 380 V		22,5	A	42	A
Netzfrequenz		50	Hz	50	Hz
Synchrondrehzahl		1.500	l/min	3.000	l/min
Nenndrehzahl	ca.	1.550	l/min	3.070	l/min
Generatorwirkungsgrad		89	%	91	%
BHKW-Gewicht	ca.	450	kg	550	kg
BHKW-Abmessungen	Länge	ca.	1.550	mm	1.650	mm
(einschl. Schall-	Breite	ca.	800	mm	800	mm
schutzhaube)	Höhe	ca.	1.000	mm	1.000	mm

Betriebsweise: Parallelbetrieb mit dem EVU-Niederspannungsnetz. Leistungsregelung entsprechend Eigenbedarf.

Einsatzmöglichkeiten: Grundlastdeckung für Stromverbraucher (Umwälzpumpen) in Heizungszentralen, thermische Einbindung in Heizwasserrücklauf. Gewerbliche Verbraucher mit entsprechendem Strom- und Wärmebedarf.

CoGenUnit mit Synchrongenerator für den Netzparallel- oder Inselbetrieb

Generator (A.v.Kaick), Typ		DKBN 25/12,5-4		DKBN 32/30-2	
Nennleistung		10	kW	24	kW
Betriebsspannung		400	V	400	V
Synchrondrehzahl		1.500	l/min	3.000	l/min
Generatorwirkungsgrad		80,7	%	81,5	%
(cos phi = 0,8)					
BHKW-Gewicht	ca.	450	kg	600	kg
BHKW-Abmessungen	Länge	ca.	2.050	mm	2.200	mm
(einschl. Schall-	Breite	ca.	800	mm	800	mm
schutzhaube)	Höhe	ca.	1.000	mm	1.000	mm

Betriebsweise: wahlweise Parallelbetrieb mit dem EVU-Niederspannungsnetz oder Inselbetrieb, Leistungsregelung entsprechend Eigenbedarf.

Einsatzmöglichkeiten: Netzunabhängige Stromerzeugung für Verbraucher im Leistungsbereich von 10 bis 185 kW (elektr.) einschließlich Nutzwärmeerzeug mit hohem Gesamtwirkungsgrad. Durch Möglichkeit des Inselbetriebes als Notstrom-aggregat einsetzbar. Im Stand-by-Betrieb in netzunabhängigen Windkr /Diesel-Anlagen mit übergeordneter Systemregelung und entsprechendem Verbrauchermanagement.

Bei wachsendem Energiebedarf ermöglichen beide Stromversorgungskonzepte infolge ihres modularen Aufbaus eine problemlose Erweiterung bestehender Anlagen.

Prospekt-Rückseite (Technische Daten). Oben rechts ist im Original ein Signet zu sehen, das wegen der sehr feinen Linienführung in der Verkleinerung nicht mehr darstellbar war.

Exportchancen prüfen und nutzen

Liefer-, Lizenz- und Kooperationsmöglichkeiten
für kleine und mittlere Betriebe
aus Umwelt-, Energie-
und Produktionstechnik

NewTec
Marketing & Consulting GmbH

Deckblatt für eine Firmen-Selbstdarstellung. Die Abbildung wurde einem (copyright-freien) Vorlagenbuch entnommen und gescannt.

VI. Kleiner Druckratgeber

Produktionstechnische Grundlagen

Die Reinzeichnung – der Papierausdruck aus dem Laserdrucker – ist fertig. Wie geht's nun weiter? Bei ein- oder zweiseitigen Drucksachen in einer kleineren Auflage von maximal wenigen hundert Exemplaren verläuft alles in gewohnten Bahnen. Sie nehmen weißes oder farbiges Papier bzw. leichten Karton und vervielfältigen die Reinzeichnung über Ihren Laserdrucker oder einen guten Kopierer. Eventuell müssen Sie anschließend die Kopien mit Hilfe einer Schneidemaschine auf das gewünschte Papierformat zuschneiden.

Bei größeren Auflagen oder bei aufwendigen Arbeiten brauchen Sie dagegen die Hilfe einer Druckerei. In den meisten Fällen kommt dann das heute am häufigsten verbreitete Druckverfahren zur Anwendung – der Offsetdruck.

Das Grundprinzip des Offsetdrucks läßt sich in wenigen Sätzen erläutern: Von der Reinzeichnung wird zunächst ein Litho angefertigt; ein Film, der dann – außerhalb der Druckmaschine – durch optische Belichtung auf eine Druckplatte aus Kunststoff oder Metall übertragen wird. (Im sogenannten Schnelldruckverfahren für kleinere Auflagen von wenigen tausend Exemplaren kopiert der Drucker Ihre Reinzeichnung direkt auf eine Druckplatte aus Spezialpapier, ohne den Umweg über einen Film.) Die Druckplatte wird in der Maschine um den sogenannten Plattenzylinder gespannt, dem ein Gummizylinder direkt vorgelagert ist. Nachdem der Drucker in die Maschine das Papier eingelegt und Druckfarbe eingegeben hat, genügt nur noch ein Knopfdruck, und die Zylinder setzen sich in Bewegung: Die Druckplatte nimmt an den zu bedruckenden Stellen die Druckfarbe an und überträgt die Farbe zunächst auf den Gummizylinder. Erst beim Durchgang des Papiers zwischen dem Gummizylinder und einem zugehörigen Gegen-Druckzylinder, der das Papier an den Gummizylinder preßt, entsteht der endgültige Auflagendruck.

Warum nimmt die Druckplatte aber nur an den zu bedruckenden Stellen – Schrift, Abbildungen, Linien – die Farbe an? Dies liegt am Gegensatz von Fett und Wasser, den sich übrigens auch die bei Malern und Zeichnern immer noch beliebte Lithographie (Stein-

druck) zunutze macht. Die ständig feucht gehaltene Druckplatte ist so präpariert, daß die
zu bedruckenden Teile das Wasser energisch abstoßen, die fetthaltige Farbe aber annehmen. Da Fett und Wasser sich nicht vertragen, kann die Farbe auch nicht an den angefeuchteten freien Stellen haften bleiben.

Zum besseren Verständnis des Offset-Verfahrens noch zwei Anmerkungen:

Die Reinzeichnung bzw. der Film muß auf die Druckplatte seitenrichtig übertragen werden. Auf dem Gummizylinder erscheint das Druckbild zwangsläufig seitenverkehrt und
auf dem Papier wieder seitenrichtig. Sie übergeben also Ihre Reinzeichnung dem Drucker
im Normalfall so, wie Sie sie aus dem Laserdrucker bekommen – eventuell ergänzt durch
kleine gestalterische Nachbesserungen per Hand, zu denen wir Ihnen im Kapitel IV ein
paar Tips vorgestellt haben.

Das Druckergebnis kann trotz aller handwerklichen Kniffe, die die Drucker beherrschen,
immer nur so gut wie Ihre Reinzeichnung sein. Befindet sich Ihre Vorlage auf einem billigen, faserhaltigen Papier, wird Sie schon der Laserausdruck nicht gerade begeistern. Insbesondere die kleineren Schriftgrade wirken verschmiert oder ausgefranst, Strichzeichnungen kommen unsauber. Wirklich genauso sieht dann auch das fertige Druckexemplar
aus.

Nehmen Sie also für den Laserausdruck Ihrer Reinzeichnung ein Papier mit einer geschlossenen Oberfläche in einer sehr guten Papierqualität (Ihr Händler kann Sie hierüber
beraten). Oder Sie lassen sich vom Laserdrucker eine Klarsichtfolie ausdrucken, die die
Feinheiten besser als ein Papierblatt wiedergibt.

Bei mehrseitigen Drucksachen geben Sie dem Drucker am besten die einzelnen Seiten für
sich getrennt. Er kann am besten entscheiden, wie er die Seiten auf dem Druckbogen zusammenstellt („ausschießt"), damit später alles in der richtigen Reihenfolge erscheint.
Und zwar unter Berücksichtigung der Druckformate der ihm zur Verfügung stehenden
Maschinen. Mitunter kann es wirtschaftlicher sein, die Auflage in mehreren „Nutzen" zu
drucken. Dazu muß die Vorlage auf die Druckplatte zwei- oder mehrfach kopiert werden.
Nach dem Druck schneidet der Drucker die Druckbogen so auseinander, daß er mehrere
Stapel mit ein und derselben Drucksache erhält.

Bei kleinformatigen Drucksachen, zum Beispiel einer Geschäftskarte, können Sie bei Ihrer Reinzeichnung von vornherein mehrere Nutzen berücksichtigen. Sie duplizieren auf dem Computer die Geschäftskarte, so daß auf einem DIN-A 4-Blatt mehrere identische oder auch verschiedene Versionen neben- bzw. untereinander stehen, gekennzeichnet durch sogenannte Formatecken. Achten Sie darauf, daß zwischen den Nutzen freier Papierraum bleibt, damit der Drucker später die Drucksachen sauber beschneiden kann.

Noch ein Wort zu Farbdrucken. Gedruckt wird dabei jede Farbe in einem gesonderten Produktionsgang. Der Drucker benötigt also auch mehrere Reinzeichnungen: eine nur mit den schwarzen Teilen und eine (bzw. mehrere) mit den farbigen Teilen. Wenn Sie diese Farbauszüge am Computer selbst erstellen, müssen Sie dafür Sorge tragen, daß die farbigen Teile auch an der richtigen Stelle in der Reinzeichnung plaziert sind. Nichts ist unschöner als ein fertiger Druck, bei dem beispielsweise schwarze und rote Zeilen, die eigentlich nebeneinander stehen sollten, leicht verschoben sind. Wenn also, wie der Drukker sagt, der „Passer" nicht stimmt. Sie können das ganze Problem natürlich umgehen, indem Sie dem Drucker die Herstellung der Farbauszüge übertragen. Er hat hierfür reproduktionstechnische Geräte zur Vefügung, die ein optimales Ergebnis gewährleisten sollten. Gleiches gilt für den Druck von Kleinplakaten. Sie geben dem Drucker eine DIN-A 4-Reinzeichnung, die er entsprechend hochvergrößert auf die Druckplatte überträgt.

Wir möchten noch einmal auf die technische Qualität der Reinzeichnung zurückkommen. Daß jede Drucksache nur so gut ist wie die Reinzeichnung, haben wir bereits gesagt. Wollen Sie sich mit dieser Einschränkung aber nicht abfinden, müssen Sie einen zusätzlichen Produktionsgang in Kauf nehmen – die Belichtung Ihres auf Diskette abgespeicherten Satzes. Dazu im nächsten Abschnitt mehr.

Fotosatzbelichtungen zur Qualitätsverbesserung

Mit einer Lupe bewaffnete Schrift-Ästheten werden sehr schnell den Unterschied zwischen einer DTP-Schrift und einer Fotosatzschrift erkennen. Eine DTP-Helvetica wirkt zum Beispiel etwas grober und in den Buchstabenproportionen unharmonischer als eine Original-Helvetica. Im direkten Vergleich erkennt auch der Nicht-Fachmann die Unterschiede.

Daß dies so ist, liegt in der Natur der DTP-Sache: Die DTP-Schriften mußten für die PC-Erfordernisse – schnelle elektronische Be- und Verarbeitung, begrenzte Speicherkapazitäten – modifiziert werden. Schöner sind die Schriften dadurch nicht geworden. Aber hier Kritik üben zu wollen, hieße Äpfel mit Birnen zu vergleichen.

Es sind nicht nur die Buchstabenproportionen, sondern auch die relativen Buchstabenabstände (Laufweite) und bei einigen Schriften auch die Wortabstände, die den Ästheten nicht gerade zum Jubeln veranlassen. Welche Auswege gibt es?

Erstens: Man gibt sich mit der DTP-Schriftqualität zufrieden und freut sich, daß man relativ preisgünstig „wie gedruckt" aussehende Arbeiten selbst setzen und gestalten kann.

Zweitens: Man benutzt das DTP-System, um Layouts mit Reinzeichnungs-Charakter zu erstellen. Das Satzstudio bekommt den Laserausdruck als Vorlage und produziert den Entwurf über eine Fotosatzanlage nach.

Drittens: Das DTP-System wird lediglich als Texterfassungssystem benutzt. Das Satzstudio bekommt „online" oder per Diskette die mit entsprechenden Satzanweisungen versehenen Rohtexte und konvertiert diese über ein spezielles Programm in die gewünschte Schrift. Alles weitere läuft wie im traditionellen Satz ab: Die Seiten werden formatiert, die Schrift fließt in die definierten Satzspalten ein, und die Spalten werden zu ganzen Seiten zusammengestellt – fachmännisch ausgedrückt: umbrochen. Der Seitenumbruch erfolgt über den Computer oder durch Zusammenmontieren belichteter Filme.

Viertens: Man läßt die auf der Diskette gespeicherten Reinzeichnungen von einem DTP- oder Fotosatzstudio nachbelichten und erhält fertige Filme, die der Drucker zu einer Druckplatte weiterverarbeitet. Diesen Weg haben wir übrigens für das vorliegende Buch gewählt.

Für in einem Büro anfallende Drucksachen rechnen sich die zweite und dritte Möglichkeit grundsätzlich nicht. Auf die damit verbundenen technischen Probleme wollen wir deshalb auch gar nicht erst eingehen. Was wird aber durch eine Nachbelichtung gewonnen? Erst einmal hat die Belichtungsmaschine eine weit höhere Auflösung als Ihr Laserdrucker. Damit ist die Fähigkeit gemeint, Punkte gezielt auf Papier zu bringen. Jeder Buchstabe und jede Linie setzt sich beim DTP bekanntlich aus kleinen Punkten (dots) zusammen. Professionelle Satzbelichter verbessern also die Strichführung der Schrift. Sie erscheint ruhiger und feiner. Darüber hinaus wirken die relativen Buchstabenabstände harmonischer. Und Sie bekommen als Ergebnis der Belichtung einen Film, auf dem alle Satzteile gestochen scharf sind. Der Drucker wird es Ihnen danken.

Die Kosten für eine nachträgliche Satzbelichtung halten sich mit etwa dreißig Mark pro Seite in Grenzen.

Die Satzbelichtung ändert allerdings nichts an der Tatsache, daß eine DTP-Schrift eine DTP-Schrift bleibt! Mit all ihren – siehe oben – ästhetischen Mängeln. Das mühsame Nachbessern der Schrift an Ihrem Computer – Versalausgleich, optische Korrektur der Zeilen- und Wortabstände, Unterschneiden („Kerning") usw. – bleibt Ihnen deshalb bei Überschriften und großen Schriftgraden nicht erspart, wenn Ihre Drucksache die in diesem Buch erläuterten typografischen Ansprüche erfüllen soll.

Bei nicht sehr umfangreichen Drucksachen ist der zeitliche Aufwand für die typografische Feinarbeit durchaus vertretbar. Bei buchähnlichen Werken aber kaum noch. Sehen Sie uns deshalb bitte auch einige typografische Schwächen nach, die wir bei unserem Buch wohl oder übel in Kauf nehmen mußten. Wir sind durch unsere Arbeit jedenfalls darin bestätigt worden, daß das traditionelle Satz- und Druckgewerbe trotz des DTP-Booms nicht um seine Aufträge fürchten muß. Im Gegenteil: DTP wird der Schwarzen Zunft durch ein ansteigendes Qualitätsbewußtsein neue Impulse verleihen. Wer die DTP-Möglichkeiten und -Grenzen kennt, gibt sich zwar nicht mehr mit handgestrickten Schreibmaschinen- und Klebebuchstaben-Lösungen zufrieden - aber ebenso wenig mit den DTP-Schwächen bei Drucksachen, bei denen es auf Profi-Qualität ankommt.

Bildvorlagen und Lithos

Abbildungen in Form von Zeichungen, die Sie über Ihre DTP-Software selbst erstellen, werden genauso be- und verarbeitet wie die Schrift. Was aber, wenn Sie Vorlagen, Fotos oder technische Zeichnungen bekommen, die Sie in die Drucksache einarbeiten sollen? Zunächst reservieren Sie den dafür erforderlichen Platz in Ihrem Satzspiegel durch eine Rasterfläche oder durch eine Linienbegrenzung. Hat die Bildvorlage ein anderes Format als im Layout vorgesehen, muß das Original entsprechend verkleinert oder vergrößert werden. Die Lithoanstalt oder die Druckerei, die diese Aufgabe übernehmen soll, braucht dazu genaue Angaben. Legen Sie dafür folgende Formel zugrunde:

Wiedergabebreite = Originalbreite multipliziert mit der gewünschten Wiedergabehöhe, dividiert durch die Originalhöhe.

Beziehungsweise:

Wiedergabehöhe = Originalhöhe multipliziert mit der gewünschten Wiedergabebreite, dividiert durch die Originalbreite.

Dazu ein Beispiel:

Sie haben ein Original zur Verfügung, das 20 cm breit und 30 cm hoch ist. Die Wiedergabehöhe soll aber nur 12 cm betragen. Wie groß ist die Wiedergabebreite?

Lösung: 20 x 12 = 240 : 30 = 8. Die Breite der Abbildung beträgt als 8 cm - und alles ist in den richtigen Proportionen verkleinert.

Mit einer Rechenscheibe aus einem Geschäft für grafisches Zubehör können Sie sich diese mathematischen Operationen sparen. Sie stellen das Originalformat ein und lesen die Abmessungen für proportionale Vergrößerungen oder Verkleinerungen ganz einfach ab.

Interessiert Sie nur ein bestimmter Ausschnitt der Bildvorlage, so legen sie ein Transparentpapier über das Original und kennzeichnen die Bildkanten entsprechend Ihren Formatwünschen. Alles weitere können Sie der Druckerei überlassen.

Es ist nicht unbedingt immer erforderlich, bei Drucksachen mit Abbildungen die Hilfe der Druckerei in Anspruch zu nehmen. Vieles können Sie auch selbst machen. Insbesondere dann, wenn Sie die Reinzeichnung über Ihren Laserdrucker oder Kopierer vervielfältigen wollen. Um entscheiden zu können, wo die Grenzen des „Do it yourself"-Verfahrens liegen, benötigen Sie allerdings noch ein paar Fachkenntnisse.

Welche Arten von Bildvorlagen gibt es? Beschränken wir uns zunächst auf einfarbige Abbildungen, die in Schwarz bzw. in einer anderen Farbe gedruckt werden sollen. Der Fachmann unterscheidet Vollton- und Halbtonabbildungen.

Volltonabbildungen (im Fachjargon Strichvorlagen) haben keine Tonwertabstufungen. Die Linien, Striche und Flächen sind zwar unterschiedlich dick, aber alle gleich schwarz. So, wie es normalerweise bei freien Strichzeichnungen, technischen Abbildungen oder Firmensignets der Fall ist. Halbtonabbildungen weisen dagegen ineinander übergehende Tonwertabstufungen auf – von Hell bis Tiefdunkel. Fotografien oder Aquarelle sind dafür typische Beispiele.

Bei Volltonabbildungen, die im Originalformat gedruckt werden sollen, genügt es, die Bilder sauber in die Reinzeichnung einzukleben. Dem Kopierer oder der Druckmaschine ist es völlig egal, ob Striche, Flächen oder Schrift zu reproduzieren sind. Und beim Verkleinern und Vergrößern von Strichvorlagen können über die modernen Kopierer ausgezeichnete Ergebnisse erzielt werden. Falls Sie Ihre Drucksachen in einer Druckerei herstellen lassen, sollten Sie sich die Handarbeit des Montierens von Abbildungen ersparen. Geben Sie dem Drucker Ihre Originale mit den entsprechenden Formatangaben.

Etwas problematischer ist die Verarbeitung von Halbtonabbildungen. Eine Druckmaschine kann Halbtöne niemals direkt drucken. Jede bedruckte Stelle hat die gleiche Farbintensität. Um dennoch unterschiedliche Tonwertabstufungen wiedergeben zu können, bedient sich die Druckerei eines Kunstgriffs: Die Bildvorlage wird in unterschiedlich große Punkte zerlegt, sie wird „aufgerastert". Bei in Zeitschriften wiedergebenen Fotos können Sie den Raster mit bloßem Auge nicht mehr erkennen. Die Rasterpunkte sind so klein, daß ein fast originalgetreuer Eindruck entsteht. Anders beim Zeitungsdruck. Hier können Sie bei den hellen Tonwerten die Punktstruktur auch ohne Lupe relativ deutlich sehen.

Grundsätzlich gilt, daß bei glatteren Papieroberflächen auch eine höhere Rasterzahl Anwendung findet; die Wiedergabe wirkt feiner und originalgetreuer. Bei rauhen Papierarten würde durch einen zu feinen Raster die Abbildung beim Druck zuschmieren, bis hin zur Unkenntlichkeit. Andererseits führt ein zu grober Raster bei sehr glatten Papiersorten zu einer optisch unschönen Punktestruktur des Bildes (was aber unter grafischen Aspekten mitunter durchaus erwünscht sein kann).

Der Drucker spricht zum Beispiel von einem 24er Raster, wenn er einen groben (weiten) Raster für den Zeitungsdruck bzw. für den Druck auf rauhem Papier meint. Zeitschriften- oder Prospektabbildungen, auf glänzenden Papieren gedruckt, verlangen einen feinen Raster: einen 54er, 60er, 70er oder 80er Raster. Dies als kleine Orientierungshilfe, damit Sie mitreden können, wenn Sie sich beim Drucker über die Wiedergabemöglichkeiten Ihrer Bildvorlagen informieren.

Bei Halbtonabbildungen brauchen Sie nämlich den Drucker. Denn die Aufrasterung der Bilder erfolgt mittels aufwendiger Reprokameras oder elektronischer Scanner, über die nur eine Druckerei oder eine Lithoanstalt verfügt.

Schlechte Bildvorlagen ergeben schlechte Drucke. Das bedeutet, daß der Drucker Ihnen eventuell „Retuschen" empfiehlt, um das Beste aus Ihrem vielleicht nicht ganz so professionellen Foto machen zu können. Konturen werden dann per Hand auf dem Foto nachgezeichnet oder zurückgenommen, Kontraste stärker betont oder abgeschwächt. Schwarz-weiß-Hochglanzabzüge in einem größeren Format sind deshalb als Vorlagen für den Drucker am besten geeignet.

Müssen Sie auf Halbtonabbildungen aus Zeitschriften oder Prospekten zurückgreifen, ist Vorsicht geboten. Obwohl die Bilder schon gerastert sind, müssen sie nochmals aufgerastert werden. Es ist für den Fachmann dann nicht ganz einfach, eine zufriedenstellende Bildqualität zu erzielen. Nicht selten entsteht ein unschönes Moiré - die Abbildung schillert.

Soviel zu einfarbigen Abbildungen. Für farbige Halbton-Abbildungen gilt im Prinzip das gleiche. Nur sind die Arbeitsvorgänge noch aufwendiger. Von den Farbfotos oder -Dias müssen zunächst Farbauszüge gemacht werden. Da alle möglichen Farben und Farbnuancen aus den Grundfarben Rot (in der Fachsprache Magenta = M), Blau (Cyan = C), Gelb (Yellow = Y) und Schwarz zu mischen sind, benötigt der Drucker zur Herstellung der Druckplatten entsprechende Filme (Lithos): je einen gerasterten Film für die roten, die blauen, die gelben und die schwarzen Farbanteile. Schauen Sie sich doch bitte mit der Lupe ein farbiges Zeitungsfoto genau an. Sie erkennen dann deutlich, daß sich beispielsweise eine grüne Fläche aus gelben, blauen und eventuell noch schwarzen Rasterpunkten zusammensetzt, die eng beieinander stehen. Im Grunde beruht also der Vierfarbdruck auf einer optischen Täuschung.

Wie aber wird eine Farbfotografie in die einzelnen Grundfarben zerlegt? Dies geschieht konventionell durch Reproduktionskameras unter Vorschaltung von Farbfiltern oder auf elektronischem Wege über Farb-Scanner. Wie fast überall führt auch hier der technische Fortschritt zu deutlichen Preissenkungen: Farblithos kosten in modern ausgerüsteten Druckereien oder Lithoanstalten nur noch ein Bruchteil von dem, was früher ausgegeben werden mußte. Preisvergleiche lohnen sich also!

Wenn beim Drucken die vier Druckformen nicht ganz genau ausgerichtet worden sind, wirken die Abbildungen unscharf und haben einfarbige Konturen: Der „Passer" stimmt nicht. Sich darüber als Auftraggeber nur zu ärgern, hilft nicht weiter. Reklamieren Sie die Qualität, und verlangen Sie einen einwandfreien Nachdruck.

Viele Vorarbeiten, die für die Reproduktion von Abbildungen erforderlich sind, kann Ihnen ein Scanner abnehmen. Wir meinen damit nicht die professionellen Geräte, wie sie sich nur Druckereien, Satzstudios oder Reproanstalten leisten können, sondern Desktop-Scanner. Ob sich die Investition von rund zehntausend Mark für ein einfaches Gerät lohnt, sollten Sie genau überprüfen. Rein rechnerisch könnten Sie jedenfalls – zumindest im normalen Bürobetrieb – für den Anschaffungspreis eines Scanners über mehrere Jahre Ihre Druckerei mit Reproarbeiten beauftragen.

Dennoch bietet ein Scanner eine ganze Reihe von Bequemlichkeiten und gestalterischen Möglichkeiten. Zeichnungen und Fotos lassen sich unmittelbar in Ihrem DTP-System be- und verarbeiten. So können Sie Abbildungen in jeder gwünschten Größe direkt in Ihre Reinzeichnung plazieren. Bei Halbtonvorlagen können unterschiedliche Rasterweiten eingegeben werden. Sie verfügen damit über Ihre eigene „Lithoanstalt", denn der Laserdrucker druckt die Seite komplett mit Text und Abbildungen aus.

Leider haben die DTP-Scanner trotz aller Vorzüge einen Pferdefuß: Ihr Auflösungsvermögen ist bei weitem nicht so gut wie das der professionellen Geräte. Bei hohen Ansprüchen an die Bildwiedergabe, zum Beispiel beim Druck von Prospekten auf Hochglanzpapier, bleibt Ihnen der Gang zum Fachmann nicht erspart. Das gleiche gilt für Halbtonabbildungen, die im Vierfarbdruck produziert werden sollen.

Es lohnt sich aber in jedem Fall, die technischen Weiterentwicklungen genau zu verfolgen. Mit ziemlicher Sicherheit dauert es nur noch wenige Jahre, bis die DTP-Scanner und Laserdrucker an die Leistungen heutiger Profi-Geräte heranreichen.

Die Wahl des Papiers

Werden Ihre Drucksachen über den Laserdrucker, einen Kopierer oder im Schnelldruckverfahren vervielfältigt, ist das Problem der Papierauswahl recht schnell gelöst. Die Palette der geeigneten Sorten ist begrenzt und Ihnen sicherlich auch bekannt.

Anders verhält es sich im Offsetdruck. Hier steht Ihnen eine Papiersorten-Vielfalt zur Verfügung, die zunächst unüberschaubar erscheint. Um sich den Überblick etwas einfacher zu machen, ist es empfehlenswert, Papiere nach der Stoffzusammensetzung und nach der Oberflächenbehandlung einzuteilen.

Beginnen wir mit der Stoffzusammensetzung: Man unterscheidet holzhaltige und holzfreie Papiere. Holzhaltige Papiere sind im Normalfall nicht ganz so weiß – und nicht ganz so teuer – wie holzfreie Papiere. Dank der modernen Fertigungstechnik der Papierindustrie ist es heute allerdings auch möglich, holzhaltige Papiere herzustellen, die sich im Weißgehalt von den holzfreien Papieren kaum unterscheiden. Zeitungspapier kann deshalb nicht mehr als typisches (!) Beispiel für die mindere Qualität von holzhaltigen Papieren angesehen werden. Eindeutiger ist die Einteilung der Papiersorten nach der Oberflächenbehandlung. Auch hier gibt es zwei Gruppen: Naturpapiere mit einer matten Oberfläche und oberflächenveredelte Papiere, die sogenannten Kunstdruckpapiere. Bei Kunstdruckpapieren wird eine glänzende Schicht auf das Papier aufgetragen, entweder auf beiden Seiten oder nur einseitig.

Ob Sie holzhaltiges oder holzfreies Papier wählen, ist oft eine reine Kostenfrage. Holzfreies Papier wirkt zwar besser, aber bei Verwendung entsprechender „Weißmacher" während der Papierproduktion durchaus nicht auf den ersten Blick.

Für Sie wichtiger ist deshalb die Oberflächenbehandlung. Schrift ist auf unveredelten Papieren, also auf Naturpapieren, besser lesbar. Das Papier ist weicher, die Oberfläche glänzt und spiegelt nicht. Fotos wirken dagegen auf Kunstdruckpapieren brillanter und kontrastreicher. Ausschlaggebend für die Papierwahl ist also der Bild- und Textanteil Ihrer Drucksache. Da bei Kunstdruckpapieren wegen der Oberflächenbehandlung in Form einer weißen Kreideschicht nicht mehr erkennbar ist, ob es sich um ein holzhaltiges oder holzfreies Papier handelt, können Sie unbesorgt die preisgünstigere Alternative wählen.

Darüber hinaus gibt es eine Reihe von Spezialpapieren: Papiere mit Bütten-, Leinen- oder Holzstruktur, Transparentpapiere, farbige Papiere (einseitig oder zweiseitig), Papiere im Metallic-Look und vieles mehr.

Lassen Sie sich am besten in Ihrer Druckerei Musterbücher zeigen und auf die eventuellen drucktechnischen Probleme hinweisen. Wählen Sie bei einer kleineren Auflage eine Papiersorte, die in der Druckerei nicht vorrätig ist, haben Sie unter Umständen mit gravierenden Preisaufschlägen rechnen. Der Drucker muß dem Papierhändler eine bestimmte Mindestmenge abnehmen – zum Beispiel eintausend Bogen oder Blatt –, von der er nicht weiß, ob und wann sie auch von anderen Kunden nachgefragt wird.

Außerdem sollten Sie berücksichtigen, daß für jede Druckauflage ein mengenmäßiger Zuschuß (so die fachübliche Bezeichnung) über den von Ihnen ermittelten Papierbedarf hinaus erforderlich ist. Dieser Zuschuß – für das Einrichten der Druckmaschine, für unvermeidliche Fehldrucke usw. – beträgt je nach Auflage und Schwierigkeitsgrad der Druckarbeit zwischen zwei und fünfzehn Prozent. Die Kosten hierfür werden Ihnen als Auftraggeber natürlich in Rechnung gestellt.

Über Papierstärken haben wir bereits in Kapitel III gesprochen. Wie Sie wissen, wird die Stärke des Papiers in Form des Gewichts mit Gramm je qm angegeben. Papiere für Kataloge und Prospekte bewegen sich in Stärken von 80 g/qm bis 150 g/qm. Für Umschläge setzt man gern stärkeres Material ein. Postkarten müssen übrigens ein von der Post vorge-schriebenes Mindestgewicht von 170 g/qm haben.

Die Wahl der Papierstärke ist nicht nur eine technische oder geschmackliche Frage. Bei Massenaussendungen kann schon ein etwas leichteres Papier die Portokosten spürbar sen-ken.

Buchbinderische Weiterverarbeitung

Wir möchten Ihnen im folgenden nur die wichtigsten Verarbeitungsmöglichkeiten aufzei-gen, die bei mehrseitigen Drucksachen wie Prospekte, Kataloge und Broschüren in Frage kommen.

Das einfachste Verfahren ist das Klammern durch den Rücken der Drucksache. Der Nachteil: Bei sehr umfangreichen Broschüren können die Klammern herausplatzen. Zweckmäßiger ist in solchen Fällen Blockheftung, bei der die Heftklammern durch den linken Rand der Broschüre gepreßt werden. Die Heftklammern lassen sich anschließend durch einen Streifen oder Umschlag abdecken. Bei der recht preisgünstigen Blockheftung müssen Sie allerdings in Kauf nehmen, daß man die Broschüre nicht ganz aufschlagen kann.

Die Alternative zur Klammerheftung ist die Klebebindung. Die linke Kante der Broschüre wird mit einem Spezialleim verklebt, der dann die einzelnen Blätter zusammenhält. Bes-ser gesagt: zusammenhalten sollte. Denn in der Praxis zeigt sich ziemlich oft, daß die Bro-schüren bereits nach mehrmaligem Auf- und Zuschlagen auseinanderfallen. Weisen Sie Ihren Drucker darauf hin, welche Anforderungen Sie an die Strapazierfähigkeit der Drucksache stellen. Er kann Ihnen dann ein Blindmuster zum Überprüfen und Ausprobie-ren anfertigen.

Hat Ihre Drucksache einen Umschlag aus stärkerem Papier oder Karton, kann der Innen-teil - geklammert oder verklebt - auch in den Umschlag eingehängt werden: Der mit Leim eingestrichene Rücken des Innenteils wird dazu in den Umschlagrücken gepreßt.

Natürlich können Sie einzelne Prospektblätter auch in fertige Plastikmappen einheften, die in allen möglichen Varianten im Handel angeboten werden: Klarsichtmappen, farbige Mappen, Mappen mit zusätzlichen Einstecktaschen und vieles mehr. Insbesondere wenn

Sie sehr häufig Informationsunterlagen individuell für einzelne Kunden zusammenstellen müssen, ist das Einheften gelochter Einzelblätter in fertige Mappen empfehlenswert. Legen Sie bei „maßgeschneiderten" Listen oder Prospekten dennoch auf eine Klebebindung Wert, so besorgen Sie sich am besten im Bürohandel eine einfache Bindemaschine, mit der Sie Ihre Drucksachen in speziell präparierte Mappen einkleben können. Auch diese Mappen sind in vielen Ausführungen, Farben und Stärken erhältlich. Bei der Bestellung können Sie angeben, ob Sie – gegen relativ geringe Mehrkosten – einen Firmenaufdruck auf der Mappe wünschen.

Tips, damit nichts schiefgeht

Drucker sind in der Regel ehrenwerte Leute, die sich stets um sauberste Ausführung eines Auftrages bemühen. Doch auch in der Schwarzen Kunst gibt es schwarze Schafe. Sorgfalt und gesunde Vorsicht sind deshalb bei der Druckereiauswahl und bei der Auftragserteilung unverzichtbar, schon um viele Mißverständnisse und Enttäuschungen von vornherein vermeiden zu können. Denken Sie daran, daß Drucker ein anspruchsvolles Handwerk und kein Fließbandgeschäft betreiben. So, wie Sie sich Ihren Zahnarzt oder Steuerprüfer aussuchen, sollten Sie auch bei der Auswahl der Druckerei vorgehen. Sehen Sie im Drucker in erster Linie den sachkundigen Berater, zu dem es sich lohnt, ein Vertrauensverhältnis und nach Möglichkeit eine langjährige Geschäftsbeziehung aufzubauen.

Bei größeren Druckaufträgen und natürlich dann, wenn Sie zum erstenmal mit einer Druckerei zusammenarbeiten wollen, sollten Sie etwa drei Kostenvoranschläge einholen. Daß der billigste Anbieter nicht immer der preisgünstigste ist, gilt für das Druckereigewerbe aber ganz besonders. Ein persönliches Gespräch kann deshalb viel dazu beitragen, die Spreu vom Weizen zu trennen. Bei der Gelegenheit können Sie sich auch einen Eindruck von den Betriebsräumen und der Leistungspalette der Druckerei verschaffen. Wenn Sie das Gefühl haben, mit einem qualifizierten und interessierten Profi zu sprechen, ist die Basis für einen erfreuliche Zusammenarbeit gegeben.

Ist für Sie die Produktion von Drucksachen ein neues Metier, empfehlen wir Ihnen die Komplettvergabe des Auftrages, inklusive der Lithoherstellung und der buchbinderischen Weiterverarbeitung. Der Drucker arbeitet dann eventuell zwar mit externen Spezialbetrieben zusammen, trägt aber die Verantwortung für die gesamte Abwicklung und Leistung. Damit sind wir beim Thema Reklamation. Für Ihr gutes Geld haben Sie selbstverständlich Anspruch auf gute Qualität. Verzichten Sie aber darauf, allzu kleinlich zu sein. Die Exemplare einer Druckauflage sind niemals farblich absolut identisch. Ein Mangel liegt aber dennoch nicht vor. Erst wenn die Wirkung der Drucksachen eines Teils der Auflage oder insgesamt durch Produktionsfehler deutlich gemindert ist, können Sie einen Nachdruck fordern.

Entscheidend ist dabei, was im Druckauftrag vereinbart wurde. Es lohnt sich also, alle wesentlichen Punkte schon bei der Einholung von Kostenvoranschlägen genau festzulegen und mit dem Drucker über Ihre Erwartungen zu sprechen – bevor es zur Auftragsvergabe kommt.

Wir möchten Ihnen an einem konkreten Beispiel zeigen, wie eine Auftragsbeschreibung aussehen könnte:

Art der Drucksache (Projektbezeichnung)	*Prospekt (Stapelautomaten Serie 2000)*
Reinzeichnung	*wird gestellt*
Auflage	*10.000 Stück* *alternativ: 12.000 Stück/15.000 Stück*
Format	*DIN A 4 Hochformat*
Umfang	*8 Seiten*
Papier	*Kunstdruckpapier weiß, 100 g/qm*
Umschlagdruck	*–*
Abbildungen	*6 Schwarzweiß-Fotos im Orignialformat 10 x 14 cm werden zum Verkleinern auf das Format 9 x 9 cm zur Verfügung gestellt (mit Ausschnitt-Angaben)*
Foto-Retuschen	*–*
Rasterweite (Abbildungen) Lithos	*54er Raster* *werden von der Druckerei in Auftrag gegeben*

Andrucke (für Farbkorrekturen)   –

Druckfarbe   *schwarz*

Zusatzfarbe(n)   *blau (HKS 44 K)*

Verarbeitung   *falzen, beschneiden, Klammerheftung durch den Rücken*

Verpackung/Versand   *zu verpacken à 1.000 Stück, Lieferung frei Haus an den Auftraggeber*

Liefertermin   *innerhalb von vier Wochen nach Übergabe der Druckvorlagen (Fixtermin)*

Damit sind alle relevanten Auftragsbestandteile festgelegt, und der Drucker kann Ihnen nun einen genauen Kostenvoranschlag unterbreiten. Lassen Sie sich auch die Kosten für Auflagenalternativen bzw. spätere Nachdrucke geben. Denn auch hierfür gibt es bei den Druckereien manchmal erstaunliche Preisunterschiede.

Alles müßte reibungslos verlaufen – wenn nicht der leidige Zeitdruck wäre. Wohl jeder Auftraggeber hat schon einmal erlebt, daß Fertigstellungstermine nicht eingehalten werden. Hier hilft nur eines: Geben Sie dem Drucker auch die entsprechende Zeit für eine ordentliche Abwicklung Ihres Auftrages, und kontrollieren Sie ab und zu den Fortgang. Drucker wissen, daß sie das letzte Glied in der Kette sind: Alle haben sich Zeit gelassen, Manuskripte nicht rechtzeitig erstellt oder Fototermine überschritten – und der Drucker soll nun alles innerhalb weniger Tage fertig produzieren. Kein Wunder, daß Drucker die Terminfrage mitunter nicht ganz so ernst nehmen.

Und für noch etwas sollten Sie Verständnis haben: Ist die Auflage ausgeliefert, muß auch bezahlt werden. Druckaufträge verursachen hohe Vorfinanzierungskosten und verlangen damit eine entsprechende Zahlungsmoral der Auftraggeber. Eigentlich eine Selbstverständlichkeit, aber fragen Sie ruhig Ihren Drucker einmal nach seinen Erfahrungen ...

Trotz aller Sorgfalt, die der Drucker für Ihren Auftrag verwendet hat, kann es passieren, daß die Auflage nochmals gedruckt werden muß. Die Drucksachen sind Makulatur. Schuld an den Fehldrucken ist der bekannte Druckfehlerteufel, der eigentlich Satzfehlerteufel heißen müßte. Sein Unwesen dürfen Sie natürlich nicht dem Drucker anlasten, denn der bearbeitet Ihre DTP-Vorlage so weiter, wie er sie von Ihnen bekommen hat. Mit allen Schreibfehlern und falschen Daten, die sich in eine Reinzeichnung trotz mehrmaligen Korrekturlesens einschleichen können.

Aus leidvoller Erfahrung geben wir Ihnen den folgenden Rat: Jede Reinzeichnung sollte von mehreren Personen auf korrekte Manuskriptwiedergabe überprüft werden. Insbesondere, wenn Sie selbst die Texte am Computer gesetzt haben, sind Sie manchmal blind für Fehler, die einem Außenstehenden sofort auffallen. Korrekturlesen erfordert viel Geduld und Sorgfalt. Gehen Sie am besten mit Hilfe eines Lineals Ihre Reinzeichnung Zeile für Zeile durch, das Manuskript immer vor Augen. Und lassen Sie sich die Richtigkeit der Vorlage von der für den Text verantwortlichen Person schriftlich bestätigen. Sie ersparen sich dadurch möglicherweise viel Ärger. Benutzt jemand für seine Änderungsangaben „amtliche" Korrekturzeichen, die Ihnen vielleicht noch unbekannt sind, so können Sie dem Rechtschreibungs-Duden die jeweilige Bedeutung entnehmen.

VII. Andere Programme und eine Wunschliste

Jeder, der tagtäglich am Computer sitzt und DTP-produktiv sein soll, bekommt im Laufe der Zeit das – bis heute – nicht erfüllbare Verlangen nach einem einzigen perfekten Programm.

Für alle DTP-Systeme gibt es eine Fülle von Angeboten, die selbst für Experten nicht immer überschaubar ist. Kurzdemonstrationen verwirren meist, weil alles zu schnell geht und die Demo-Disketten mit der rauhen Wirklichkeit nicht viel gemein haben. Hinzu kommt, daß die Hersteller verständlicherweise den erforderlichen Zeitaufwand in ihrer Werbung stark verniedlichen. Für das berühmte Apple-Beispiel „Von A nach B in nur 30 Minuten" hätten wir vor einem halben Jahr sicherlich eine geschlagene Woche benötigt, heute vielleicht nur noch zwei Tage ...

Bei der Arbeit an diesem Buch war es nicht immer ganz einfach, unsere typografischen Vorstellungen problemlos umzusetzen, weil Layoutprogramme zwar vieles, aber leider nicht alles können. Unser Wunsch-Programm sollte unter anderem folgende Fähigkeiten besitzen:

- fehlerfreies deutsches Trennprogramm!!!
- erweiterbares Wörterbuch
- typografisch einwandfreie Unterstreichungen
- Kapitälchen
- manuelles Kerning
- variierbarer Zeilenabstand
- Absatzeinzüge
- mehr Auswahl an Linien und Pfeilen
- kein Verzerren beim Verkleinern
- DIN-Papierformate
- metrisches Maßsystem
- korrekte „Gänsefüßchen"
- stufenweises Schrägstellen von Text oder Abbildungen
- magere Schriftschnitte

– Umfließen von Abbildungen (auch kreisförmig)
– Kreis- oder Viereckausschnitte
– automatische Seitennumerierung
– unverfälschtes Importieren aus anderen Programmen
– nachträgliches Verändern von importierten Abbildungen
– problemloser Zugriff auf Sonderzeichen
– deutsche verständliche(!) Handbücher

und natürlich

– perfektes WYSIWYG (wie sagte doch schon ein Bundeskanzler so treffend: „Wichtig ist, was hinten rauskommt").

Auf den folgenden Seiten wollen wir ein wenig über den Tellerrand schauen und Beispiele aus anderen Programmen vorstellen, von denen uns einige freundlicherweise von der Firma ITP Product Trading GmbH in Hamburg zur Verfügung gestellt wurden.

Ob zusätzliche Programme für Sie von Nutzen sind, müssen Sie selbst entscheiden. In Architekturbüros, Werbeabteilungen oder zum Beispiel Grafikstudios ist es sicherlich sinnvoll, Zeichnungen oder Pläne per DTP zu erstellen – auch wenn im Normalfall das gesamte Leistungsrepertoire eines einzelnen Programms nur zu einem geringen Teil ausgeschöpft wird. Vielfach überschneiden sich die Möglichkeiten der Software beträchtlich.

MacDraw/DrawArt - wenn man sehr viel Zeit hat

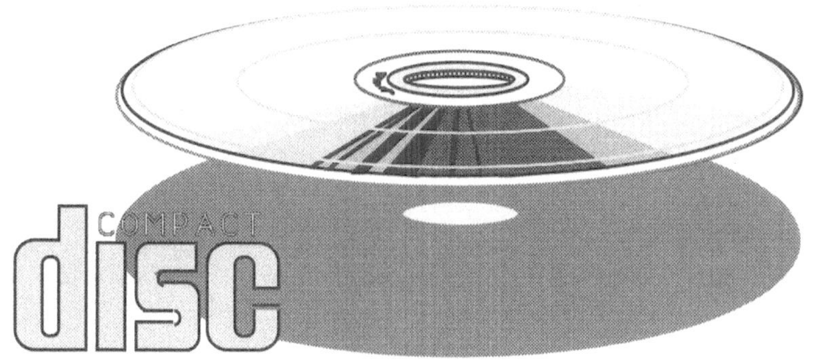

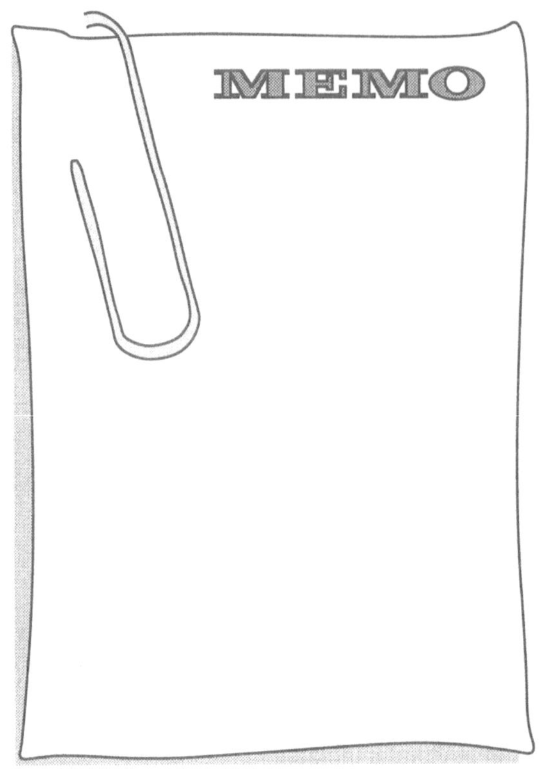
MEMO

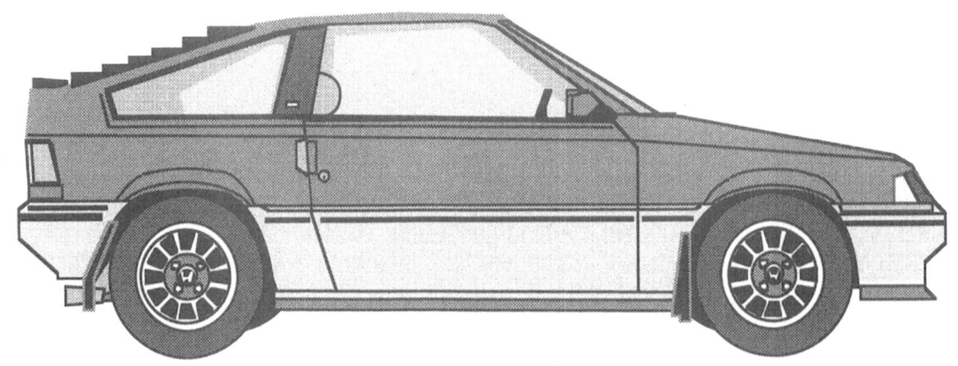

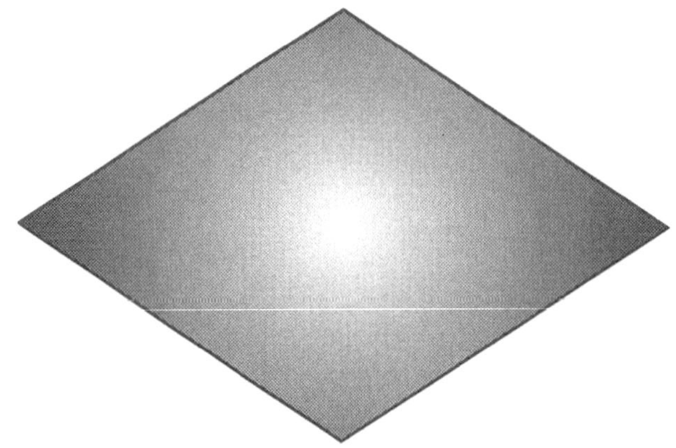

SORBIOS

Ionentechnik

Ionisationssystem
zur Vermeidung
elektrostatischer
Aufladungen in der

- **Mikrostruktur-
  fertigung der**

- Biotechnologie
- chemischen
  Industrie

für
**Reinräume
reine Werkbänke
Material**

Umwelt- und
Ozontechnik

Neueste Technik
beim Einsatz von
Ozon

umgesetzt in

- **Generatoren**
  mit extrem hohen
  Konzentrationen

- **Meßgeräten**
  für vielseitigen
  Einsatz

- **Technisches
  Zubehör**

Umwelt- und
Verfahrens-
technik

Lösung von
Anwendungsproble-
men in der

- **Abwasser-
  behandlung**

- **Trinkwasser-
  aufbereitung**

- **Desinfektion/
  Sterilisation**

- **Bodensanierung**

- **Geruchsbeseiti-
  gung**

Umwelttechnologien

	1988	1988	1988	1988
	I. Quartal	II. Quartal	III. Quartal	IV. Quartal
Umsatz, Wartung u.Reparatur	150.000	150.000	150.000	150.000
Restumsatz 87	1.000.000			
Umsatz 1	1.020.000	1.020.000	1.020.000	1.020.000
Umsatz 2	300.000	300.000	300.000	300.000
Umsatz 3	453.000	453.000	453.000	453.000
Umsatz 4	325.400	325.400	325.400	325.400
Umsatz Handel	140.000	140.000	140.000	140.000
Gesamtumsatz	3.388.400	2.388.400	2.388.400	2.388.400
Miete inkl. Nebenkosten	45.000	45.000	45.000	45.000
Reinigung	3.000	3.000	3.000	3.000
Büromaterial	2.000	2.000	2.000	2.000
Telefon, Telex	4.500	4.500	4.500	4.500
Tilgung	20.000	20.000	20.000	20.000
Zinsen	15.000	15.000	15.000	15.000
Garantiekosten	45.000	45.000	45.000	45.000
Entnahmen	30.000	30.000	30.000	30.000
Lohnkosten	80.000	100.000	80.000	160.000
Kosten Wartung	30.000	30.000	30.000	30.000
Kosten Rest 87	900.000			
Kosten 1	969.000	969.000	969.000	969.000
Kosten 2	251.030	251.030	251.030	251.030
Kosten 3	344.320	344.320	344.320	344.320
Kosten 4	293.460	293.460	293.460	293.460
Wareneinsatz Handel	112.000	112.000	112.000	112.000
Gesamtkosten	3.184.810	2.264.310	2.244.310	2.324.310
Überschuß	203.590	124.090	144.090	64.090
Provision und sonst. Kosten	60.000	60.000	60.000	60.000
Steuer + Beratung	15.000	15.000	15.000	15.000
Bruttoertrag	128.590	49.090	69.090	10.910

Excel-Beispiel: eine Tabelle, verschiedene Darstellungsformen

	A	B	C	D
1				
2		**1986**	**1987**	**1988**
3	BRD	66	72	80
4	EG	87	91	103
5	USA	43	46	30
6	Japan	10	8	18
7	China	2	9	21
8				
9	Gesamt	208	226	252

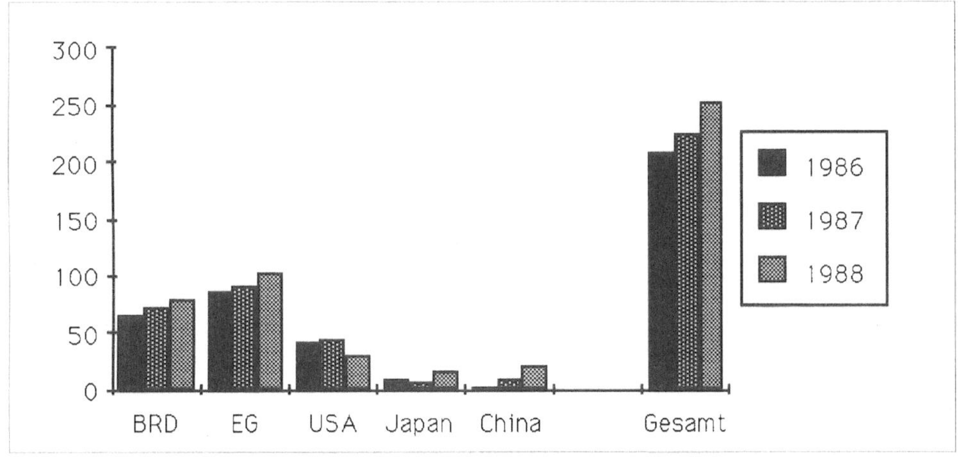

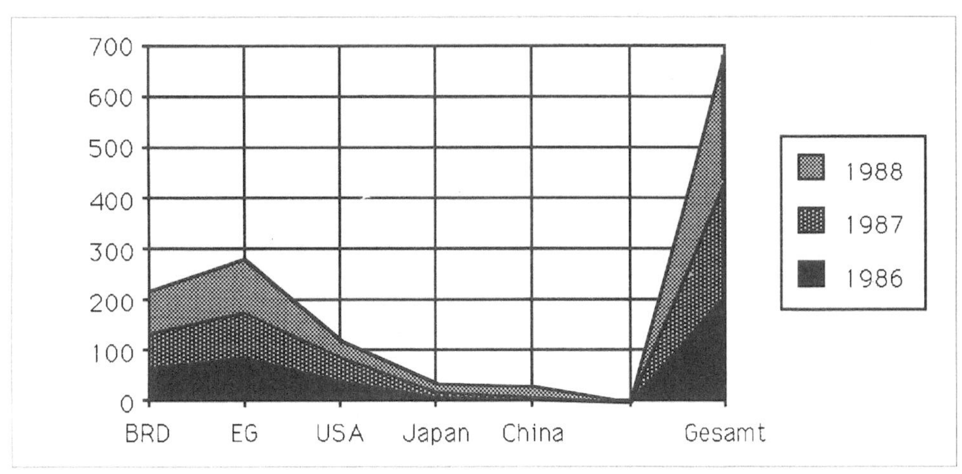

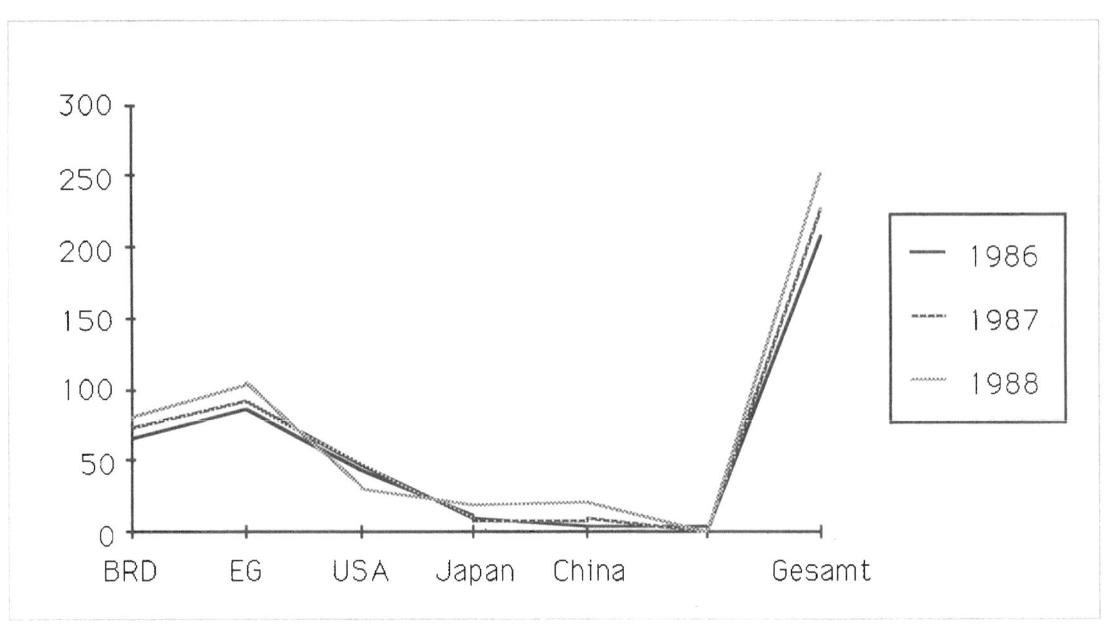

300
250
200
150
100
50
0
BRD
EG
USA
Japan
China
Gesamt
1986
1987
1988

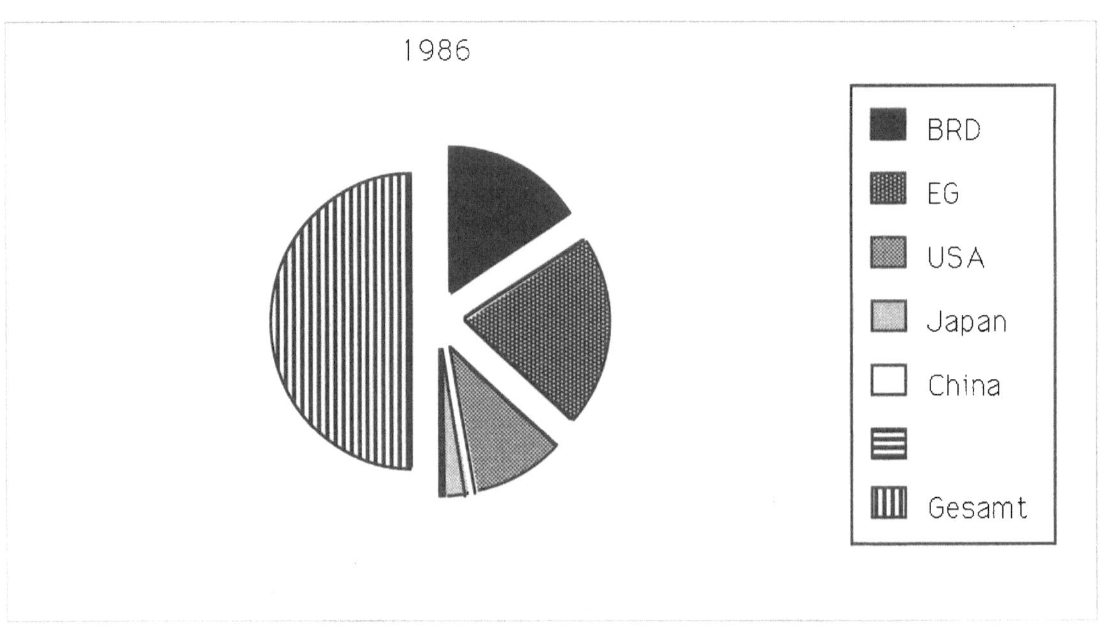

1986
BRD
EG
USA
Japan
China
Gesamt

Schlußwort

Neue Technologien haben es an sich, daß man als Nutzer einige Unzulänglichkeiten in Kauf nehmen muß. DTP macht da leider keine Ausnahme. Es dürfte aber nur eine Frage der Zeit sein, bis Hard- und Software einen Stand erreicht haben, der einen wirklich professionellen und auch wirtschaftlichen Einsatz ermöglicht. Daß DTP die Erstellung auch umfangreicher und komplizierter Drucksachen bereits heute erlaubt, hat uns die Arbeit an diesem Buch gezeigt. Alles, was Sie gelesen und gesehen haben, wurde ausschließlich mit dem Computer und dem Scanner erstellt, auch die Verkleinerung der Abbildungen und der Seitenumbruch. Schwierigkeiten und Hürden, die dabei auftraten, konnten wir teilweise nur mit sehr viel Geduld überwinden. Und manchmal mußten wir uns mit Kompromissen abfinden, die man erkennt, auch wenn man ohne typografische Lupe im Auge auf die Welt gekommen ist.

Überzogene Perfektionsansprüche sind beim DTP nicht angebracht. Das darf aber nicht dazu führen, die Grundsätze guter Typografie völlig zu ignorieren und munter Gestaltungsschrott zu produzieren. Im Gegenteil – angesichts der technischen DTP-Grenzen ist besondere Sorgfalt beim Entwerfen und Setzen vonnöten. Nicht zuletzt auch, um für die zweite DTP-Generation gerüstet zu sein, mit der hoffentlich alles viel leichter, besser und schneller gelingt.

Beginnen Sie am besten mit einfachen Drucksachen, wie sie unser Kapitel V zeigt. Nach und nach können Sie sich dann auch an Arbeiten heranwagen, die viel Kreativität und große typografische Sicherheit erfordern. Mit diesem Buch haben wir versucht, Ihnen dazu die wesentlichen Grundlagen und einige Anregungen zu vermitteln. Es kommt jetzt für uns alle darauf an, das Beste aus den DTP-Möglichkeiten zu machen. Pioniergeist ist gefragt.

Stichwortverzeichnis